화엄경약찬게

작은 해설

화엄경 약찬게

작은 해설

용학龍學 엮음

담앤북스

(이제 조금은 자유롭다)

_ 용학

비로소 어제 오후

화엄경약찬게 요해 원고를 마무리했다

잠을 깨 새벽 내내 챙겨 보면서

오류를 드문드문 수정하고 보완해 본다

직접 편집한 책이라서

모양새는 예쁘지 않다

고슴도치도 제 새끼는 귀엽듯

한낱 종이가 아니라

내 인생을 싣고 갈 뗏목이 아니던가

더불어

토론할 사람이라도 있으면 좋으련만

드문 일이겠지

책을 나눠 드리면 사람들은

그저 미미한 글줄 정도로만 여길 뿐

빙산의 일각인 줄 모르리라

어설픈 저 작은 책을 다듬기 위해

대방광불화엄경 속을 얼마나 드나들었던가

편집하면서 남겨진 글자보다

지워진 글자들이 몇 곱절이나 많다

지워진 그 글자들 덕분에

경전을 해석하는 일이 이제 조금은 자유롭다

스스로에게
참 고맙다는 익숙하지 않은 고백에
어색하지 않은 눈물이 흐른다
어린 나이에 산중에 와서
산 중이 되어
아슬아슬한 고비 많기도 했지
산중에는 갑자甲子가 없다

그동안 두부를 다시 맷돌에 갈 듯이
억지로 빌려 쓴 해석이 얼마나 많았던가
이제야 생콩을 맷돌에 갈 듯
본문을 새김질하니 민낯이 드러난다
새의 깃털처럼
물고기의 지느러미처럼
그렇게 자연스럽다

스스로 담근 장맛을 즐기는
평범한 아낙이 되어 간다
빚쟁이에게 꾼 돈을 얼추 갚은 사람처럼
속 편해서 좋다

국화는 시들수록 향기가 넉넉하니
어둠이 어찌 별빛을 묻을 수 있으랴
바람에는 소리가 없다

온 산봉우리에 꽃이 피면
얼마나 아름다운가
맑은 계곡물 고운 단풍에 말을 잊게 되듯이
쏟아지는 별 잔치
흐드러진 꽃 잔치
힘들어서 더 좋은 사바세계

더 잘난 척해야 직성이 풀릴 텐데
제풀에 벅차서 말문이 닫힌다
보고 듣지 않느냐
확실히 꼭 짚어야만 시원한가
삶도 죽음도 내가 아니다
온전한 삶과 죽음 그래야만 내가 된다

서문

우리나라에서 유명한 산들의 가장 높은 봉우리는 대부분 이름이 비로봉毘盧峰입니다. 반석반옥半石半玉으로 일컫는 금강산 최고봉도 비로봉이며, 보현보살이 상주한다는 묘향산, 문수보살이 상주한다는 오대산, 팔만대장경 경판이 모셔진 해인사 가야산도 비로봉이며, 화엄벌이 있는 천성산도 비로봉이며, 소백산, 치악산, 칠보산, 팔공산 등도 모두 비로봉입니다.

그 많은 산봉우리가 비로봉이라는 같은 이름을 갖게 된 것은『화엄경』「세주묘엄품」의 비로자나불 성불成佛에서 유래합니다. 무엇보다 비로자나불과 같은 깨달음이야말로 우리 인생에서 가장 존귀한 가치

8

가 있는 것이기에 그것을 상징하여 최고의 산봉우리 이름을 모두 비로봉이라고 표현했던 것입니다.

금강산과 묘향산은 산 이름마저 바로 화엄경에서 비롯된 말이며, 또 우리나라에서 제일 큰 산 지리산智異山의 화엄사 각황전에 비로자나불이 모셔져 있듯이, 해인사의 대적광전이나 통도사의 대광명전이나 범어사의 비로전 등 대찰大刹들에는 으레 비로자나불을 주불로 모신 전각이 있으며, 아니면 비로암이라는 이름을 가진 암자도 있습니다. 이것은 오래전부터 우리나라가 화엄국토였다는 것을 말해 줍니다.

현재 우리가 일상에서 자주 쓰는 불교의식의 많은 부분이 화엄경에서 기인했음을 반드시 알아야 할 것입니다. 대표적으로는 새벽 도량석으로 화엄경약찬게를 합니다. 그리고 새벽 종성 "나무비로교주 화장자존 연보게지금문 포낭함지옥축"[1]은 화엄예문華嚴禮文에 나오는 구절이며, 상단불공上壇佛供의 청사請詞 "어제병고 위작양의 어실도자 시기정로 어암야중 위작광명 어빈궁자 영득복장"[2]은 화엄경 보현행원품 항순중생恒順衆生의 구절이며, 탄백歎白 "찰진심념가수지 대해중수

---

1 南無毘盧教主 華藏慈尊 演寶偈之金文 布琅函之玉軸
2 於諸病苦爲作良醫 於失道者示其正路 於暗夜中爲作光明 於貧窮者令得伏藏

가음진 허공가량풍가계 무능진설불공덕"³은 화엄경 입법계품의 끝부분 게송입니다.

또한 매일 예불 끝에 화엄신중단에 반야심경을 봉독하는 것도, 매월 초하루 신중기도와 매년 설날 향수해례香水海禮와 화엄성중 정초기도를 하는 것도 화엄경 세주묘엄품과 화장세계품 등에서 근거하는 것입니다. 또한 큰 법회의 회향게廻向偈 "아차보현수승행 무변승복개회향 보원침익제중생 속왕무량광불찰"⁴은 화엄경 보현행원품의 마지막 게송입니다.

영단靈壇 시식 편의 "원아임욕명종시 진제일체제장애 면견피불아미타 즉득왕생안락찰"⁵은 화엄경 보현행원품 원생정토願生淨土의 구절이며, 어느 정도 불교를 아는 사람이라면 누구나 알고 있는 "약인욕요지 삼세일체불 응관법계성 일체유심조"⁶는 화엄경 야마천궁게찬품의 게송입니다. 또한 천도재 마지막에 염불하는 법성게法性偈는 화엄경의 핵심사상을 담은 시가詩歌입니다.

---

3 刹塵心念可數知 大海中水可飲盡 虛空可量風可繫 無能盡說佛功德
4 我此普賢殊勝行 無邊勝福皆廻向 普願沈溺諸衆生 速往無量光佛刹
5 願我臨欲命終時 盡除一切諸障碍 面見彼佛阿彌陀 卽得往生安樂刹
6 若人欲了知 三世一切佛 應觀法界性 一切唯心造

우리나라 불교문화 속에서 보편화된 화엄사상은 이 외에도 건축이나 회화 등 다양한 형태로 찾아볼 수 있습니다. 그만큼 화엄사상의 뿌리가 매우 깊어서 그야말로 화엄경은 한국불교의 조종祖宗이라고 할 만합니다. 생각해 보면 예나 지금이나 화엄경에 관한 연구는 보편적인 것도 특수한 것도 이미 끝이 났다고 해도 지나친 얘기가 아닙니다.

그러나 이토록 중요한 경전임에도 그 분량이 워낙 방대하여 체계적으로 완독하며 공부하기에는 많은 시간이 걸립니다. 그래서 산문山門에 든 지 오래된 사람이라도 실제로 화엄경을 제대로 본 사람이 드물고, 그 이치의 묘미와 희유함을 아는 이는 더욱 드문 것이 현실입니다.

그동안 화엄경을 배우는 중에 비망록 삼아 경문의 대강을 초록抄錄하였던 대장경에 있는 역대歷代 종장宗匠들의 고귀한 한문 논저들을 근거하여, 이해를 돕기 위해 천착해서 보기 쉽도록 도표를 함께 실은 책을 엮어 보았습니다.

물론 서툰 졸납拙衲의 역량으로 대방광불화엄경의 정확한 뜻을 전달한다는 것은 여러모로 부족할 수밖에 없습니다. 다만 이 작은 책이 계기가 되어서 누구나 쉽게 화엄경의 숲을 수월하게 헤치고 다닐 수 있는 오솔길을 마련해 드리고 싶을 뿐입니다.

그래서 화엄경의 구성을 간략하게 잘 요약하고 있는 「대방광불화엄경 약찬게」를 근간으로 하여 80권 화엄경 7처 9회 39품의 내용을 다음과 같은 단락으로 대강 편집하였습니다.

첫째, 화엄경의 제목과 용수보살과 삼신불三身佛의 의미에 대해서 설명하고, 둘째, 세주묘엄품 인물들이 설법한 내용을 설명하였습니다. 셋째, 제1회에서 제9회까지 설법의식說法儀式에 관한 내용을 짚으면서 부처님의 방광과 설법주의 삼매를 설명하고, 넷째, 입법계품 선지식들의 설법 의미를 설명하고, 다섯째, 제1회에서 제9회까지 39품의 대의大意를 요약해서 설명하고, 여섯째, 유통정법流通正法의 발원으로 마무리를 했습니다. 그리고 부록으로 화엄경 과목약표科目略表를 실었습니다.

부처님 당시에는 수행인들의 근기가 훌륭하여 작은 것을 가르쳐도 크게 깨닫고, 마음 씀씀이가 훌륭했던 까닭에 굳이 대승불교가 이렇게까지 필요하지 않았을지도 모릅니다.

하지만 말세 중생은 큰 것을 가르쳐도 깨닫기는 더 힘들고, 옹졸한 다툼만 치열한지라 대승불교를 더 펼치지 않을 수 없습니다. 또한 저마다 조잡한 피리를 불어대는 바람에 불협화음이 심각하여 더욱 만파

식적萬波息笛의 화쟁사상和諍思想이 요구되는 것 같습니다.

부디 이 책이 고리타분하게 도서관의 전시목록으로만 남지 않고 대중소설처럼 일반에 널리 읽히기를 바라며 길게 목을 내밉니다. 이 책을 만난다 하더라도 여전히 화엄경 본문에 접근하기는 수월하지 않은 문제가 남아 있습니다.

이 인연으로 대방광불화엄경 본문을 맹구우목盲龜遇木의 심정으로 만나신다면 부처님의 막대한 은혜에 작은 보답이라도 될 듯합니다. 화엄회상에서 희유한 불법佛法의 묘락妙樂으로 보배로운 인생길이 열리기를 발원합니다.

2016년 12월 15일
신라 화엄종찰 범어사 패엽실

용학 화남和南

설법 장소를 찬탄하다

각 회에 설해진 품수

각 회에 설해진 품의 이름

제1회에 설해진 품명

제2회에 설해진 품명

제8회와 제9회에 설해진 품명

정법의 유통을 권하다

부록

華嚴經 略纂偈
화 엄 경 약 찬 게

大方廣佛華嚴經
대 방 광 불 화 엄 경

龍樹菩薩略纂偈
용 수 보 살 약 찬 게

南無華藏世界海
나 무 화 장 세 계 해

毗盧蔗那眞法身
비 로 자 나 진 법 신

現在說法盧舍那
현 재 설 법 노 사 나

釋迦牟尼諸如來
석 가 모 니 제 여 래

過去現在未來世
과 거 현 재 미 래 세

十方一切諸大聖
시 방 일 체 제 대 성

根本華嚴轉法輪
근 본 화 엄 전 법 륜

海印三昧勢力故
해 인 삼 매 세 력 고

普賢菩薩諸大衆
보 현 보 살 제 대 중

執金剛神身衆神
집 금 강 신 신 중 신

足行神衆道場神
족 행 신 중 도 량 신

主城神衆主地神
주 성 신 중 주 지 신

主山神衆主林神
주 산 신 중 주 림 신

主藥神衆主稼神
주 약 신 중 주 가 신

主河神衆主海神
주 하 신 중 주 해 신

主水神衆主火神
주 수 신 중 주 화 신

主風神衆主空神
주 풍 신 중 주 공 신

主方神衆主夜神
주 방 신 중 주 야 신

主晝神衆阿修羅
주 주 신 중 아 수 라

迦樓羅王緊那羅
가 루 라 왕 긴 나 라

摩睺羅伽夜叉王
마 후 라 가 야 차 왕

諸大龍王鳩槃茶
제 대 용 왕 구 반 다

乾闥婆王月天子
건 달 바 왕 월 천 자

日天子衆忉利天
일 천 자 중 도 리 천

夜摩天王兜率天
야 마 천 왕 도 솔 천

化樂天王他化天
화 락 천 왕 타 화 천

大梵天王光音天
대 범 천 왕 광 음 천

遍淨天王廣果天
변 정 천 왕 광 과 천

大自在王不可說
대 자 재 왕 불 가 설

普賢文殊大菩薩
보 현 문 수 대 보 살

法慧功德金剛幢　　金剛藏及金剛慧
법 혜 공 덕 금 강 당　　금 강 장 급 금 강 혜

光焰幢及須彌幢　　大德聲聞舍利子
광 염 당 급 수 미 당　　대 덕 성 문 사 리 자

及與比丘海覺等　　優婆塞長優婆夷
급 여 비 구 해 각 등　　우 바 새 장 우 바 이

善財童子童男女　　其數無量不可說
선 재 동 자 동 남 녀　　기 수 무 량 불 가 설

善財童子善知識　　文殊師利最第一
선 재 동 자 선 지 식　　문 수 사 리 최 제 일

德雲海雲善住僧　　彌伽解脫與海幢
덕 운 해 운 선 주 승　　미 가 해 탈 여 해 당

休捨毘目瞿沙仙　　勝熱婆羅慈行女
휴 사 비 목 구 사 선　　승 열 바 라 자 행 녀

善見自在主童子　　具足優婆明智士
선 견 자 재 주 동 자　　구 족 우 바 명 지 사

法寶髻長與普眼　　無厭足王大光王
법 보 계 장 여 보 안　　무 염 족 왕 대 광 왕

不動優婆遍行外　　優鉢羅華長者人
부 동 우 바 변 행 외　　우 발 라 화 장 자 인

婆施羅船無上勝　　師子頻申婆須蜜
바 시 라 선 무 상 승　　사 자 빈 신 바 수 밀

鞞瑟胝羅居士人　　觀自在尊與正趣
비 슬 지 라 거 사 인　　관 자 재 존 여 정 취

大天安住主地神　　婆珊婆演主夜神
대 천 안 주 주 지 신　　바 산 바 연 주 야 신

普德淨光主夜神　　喜目觀察衆生神
보 덕 정 광 주 야 신　　희 목 관 찰 중 생 신

普救衆生妙德神　　寂靜音海主夜神
보 구 중 생 묘 덕 신　　적 정 음 해 주 야 신

守護一切主夜神　　開敷樹花主夜神
수 호 일 체 주 야 신　　개 부 수 화 주 야 신

大願精進力救護　　妙德圓滿瞿波女
대 원 정 진 력 구 호　　묘 덕 원 만 구 바 녀

摩耶夫人天主光　　遍友童子衆藝覺
마 야 부 인 천 주 광　　변 우 동 자 중 예 각

賢勝堅固解脫長
현 승 견 고 해 탈 장

妙月長者無勝軍
묘 월 장 자 무 승 군

最寂靜婆羅門者
최 적 정 바 라 문 자

德生童子有德女
덕 생 동 자 유 덕 녀

彌勒菩薩文殊等
미 륵 보 살 문 수 등

普賢菩薩微塵衆
보 현 보 살 미 진 중

於此法會雲集來
어 차 법 회 운 집 래

常隨毗盧遮那佛
상 수 비 로 자 나 불

於蓮華藏世界海
어 연 화 장 세 계 해

造化莊嚴大法輪
조 화 장 엄 대 법 륜

十方虛空諸世界
시 방 허 공 제 세 계

亦復如是常說法
역 부 여 시 상 설 법

六六六四及與三
육 육 육 사 급 여 삼

一十一一亦復一
일 십 일 일 역 부 일

世主妙嚴如來相
세 주 묘 엄 여 래 상

普賢三昧世界成
보 현 삼 매 세 계 성

華藏世界盧遮那
화 장 세 계 노 사 나

如來名號四聖諸
여 래 명 호 사 성 제

光明覺品問明品
광 명 각 품 문 명 품

淨行賢首須彌頂
정 행 현 수 수 미 정

須彌頂上偈讚品
수 미 정 상 게 찬 품

菩薩十住梵行品
보 살 십 주 범 행 품

發心功德明法品
발 심 공 덕 명 법 품

佛昇夜摩天宮品
불 승 야 마 천 궁 품

夜摩天宮偈讚品
야 마 천 궁 게 찬 품

十行品與無盡藏
십 행 품 여 무 진 장

佛昇兜率天宮品
불 승 도 솔 천 궁 품

兜率天宮偈讚品
도 솔 천 궁 게 찬 품

十廻向及十地品
십 회 향 급 십 지 품

十定十通十忍品
십 정 십 통 십 인 품

阿僧祇品如壽量
아 승 지 품 여 수 량

菩薩住處佛不思
보 살 주 처 불 부 사

如來十身相海品
여 래 십 신 상 해 품

如來隨好功德品
여 래 수 호 공 덕 품

普賢行及如來出
보 현 행 급 여 래 출

離世間品入法界
이 세 간 품 입 법 계

是爲十萬偈頌經　　三十九品圓滿教
시 위 십 만 게 송 경　　삼 십 구 품 원 만 교

諷誦此經信受持　　初發心時便正覺
풍 송 차 경 신 수 지　　초 발 심 시 변 정 각

安坐如是國土海　　是名毘盧遮那佛
안 좌 여 시 국 토 해　　시 명 비 로 자 나 불

화엄경약찬게

華嚴經略纂偈

작은 해설

요점해설

「화엄경약찬게」는 『80권 화엄경』의 전체 구성을 일목 요연하게 쉽게 파악할 수 있도록 7자字 게송으로 간략 히 엮은 것이다. 제목을 포함하여 110구句 770자字로 화 엄경을 공부하는 데 중요한 지렛대 역할을 한다. 「화엄 경약찬게」의 저자는 용수보살이라고 전해지지만 사실은 우리나라에만 전해지는 저자 미상으로 여겨진다.

아무튼 「법성게」와 더불어 『화엄경』의 진수를 담고 있 으며 실제 오늘날까지도 법회마다 무조건 독송될 만큼 소중하다. 참고로 의상조사의 「법성게」 역시 『60권 화엄 경』의 핵심 사상을 7자字 30구句 210자字 54각角의 일승 법계도一乘法界圖로 만들었는데 한 글자도 더하거나 뺄 수 없을 만큼 잘 정리된 아주 귀한 것이다.

법장法藏의 『화엄경전기華嚴經傳記』 제1권에 의하면 용수 보살이 용궁에 가서 3본本의 『화엄경』을 보았는데, 상본 上本과 중본中本은 품수品數의 분량이 방대하여 가져오지 못하고, 하본下本 48품만 가지고 와서 유통시켰다고 한다. 『80권 화엄경』은 그 약본略本에 해당하는 39품이며, 250~350년경에 편성된 것으로 용수보살 이후에 편찬된 것으로 본다. 대장경에 현존하는 한문본 『화엄경』은 세 종류가 있다.

① 『60권 화엄경』[舊本]은 동진東晉시대에 불타발타라佛 馱跋陀羅가 양주楊州의 도량사道場寺에서 서기 418년에 번 역을 시작하여 420년에 완성하였다. 「입법계품」 중에 누 락된 부분은 680년에 다시 번역을 보완하였다.

② 『80권 화엄경』[新本]은 당나라 때 측천무후則天武后의 요청으로 실차난타實叉難陀가 동도東都의 변공사遍空寺에 서 695년에 번역을 시작하여 699년에 낙양洛陽의 불수기 사佛授記寺에서 완성하였다. 측천무후는 몸소 붓을 잡고 역장譯場에 참여하고 음식 공양을 올렸으며, 완역 후에는

법장法藏스님에게『80권 화엄경』강설을 청하였다.

③『40권 화엄경』은 계빈국罽賓國 반야般若가 장안長安의 숭복사崇福寺에서 청량淸凉국사와 원조圓照스님의 상세한 감수를 받으면서 796년에 번역을 시작하여 798년에 완성하였다.

화
엄
경

제
목
과

약
찬
게

저
자

화엄경 제목과 약찬게 저자

강의 영상

01 대방광불화엄경大方廣佛華嚴經
02 용수보살약찬게龍樹菩薩略纂偈

『화엄경華嚴經』의 온전한 이름은『대방광불화엄경大方廣佛華嚴經』이다. 인도의 말로는 〈마하 바이프라 붓다 간다 뷰하 수트라(Maha大 Vaiplya方廣 Buddha佛 Ganda華 Vyuha嚴 Sutra經, 摩訶 毗佛略 勃陀 建拏 驃詞 修多羅)〉라고 한다.

대大는 마음의 본체가 밝고 무변한 것을 말한다.
방方은 정법의 반듯함이 갖추어져 있는 것을 말한다.
광廣은 진리에 들어맞는 작용이 광대한 것을 말한다.
불佛은 대방광의 심오한 진리를 깨달은 부처님을 말한다.
화華는 꽃과 같이 아름다운 보살의 바라밀행을 말한다.
엄嚴은 정법의 장엄으로 원만함을 이루는 것을 말한다.
경經은 중생을 구제하는 진리가 마르지 않는 샘물처럼 솟는 것을 말한다.

본래의 진심이 그대로 진짜 경전이며 그 진심의 이치를 문자로 기록한 것은 경책經冊에 해당한다. 조금도 조작 없이 스스로 밝은 사람의 생명 그대로의 인생 자체가 경전이다.

용수보살(龍樹菩薩, Nāgārjuna. 150~250 추정생몰)은 남인도에서 태어나 마명馬鳴을 이어 대승경전의 주석서를 광범위하게 찬술하여 대승교학의 체계를 수립하였다. 중관학파中觀學派를 창시하여 공空사상을 인도 전역에 전파한 대승불교의 아버지로 평가된다.

용수보살이 지었다는 「화엄경약찬게」는 역자 미상의 문헌으로 한국에서만 유통된다. 현재 일반적으로 유통되는 「화엄경약찬게」는 『화엄법화약찬총지華嚴法華略纂摠持』(1885, 해인사)에 내용이 49구절 정도 더 많은 「광약찬게廣略纂偈」와 함께 실려 있다.

또 『예념왕생문禮念往生文』(1700년경, 道安)에는 한글로 표기된 「광약찬게」도 있다. 여러 정황으로 미루어 볼 때

1700년 이전에 우리나라에서 만들어진 것으로 보이며 그 지은 바를 용수보살에게 가탁假託한 것으로 추정된다.

근본화엄에 귀의하다

강의 영상

03 나무화장세계해南無華藏世界海
04 비로자나진법신毗盧遮那眞法身
05 현재설법노사나現在說法盧舍那
06 석가모니제여래釋迦牟尼諸如來

　연화장세계 바다의 비로자나불과 노사나불과 석가모니불께 귀의한다는 것은 부처님의 근본 가르침에 신심이 지극함을 뜻한다. 비로자나여래가 과거에 보살행으로 성취한 청정한 연화장세계는 수미산 미진수의 풍륜風輪이 지탱하는데, 가장 아래에 있는 풍륜은 평등주平等住라고 한다. 가장 위에 있는 수승위광장殊勝威光藏 풍륜이 향수해香水海를 지탱하고, 그 향수해에 하나의 거대한 연꽃이 있으며, 연꽃 속에 연화장세계가 있고 금강륜산金剛輪山이 주위를 둘러싸고 있다.

　참고로 비로자나불은 법신불法身佛, 노사나불은 보신불

報身佛, 석가모니불은 화신불化身佛이라는 천태종天台宗의 설說이 있다. 하지만 『80권 화엄경』에서는 비로자나불이라고 하고, 『60권 화엄경』에서는 노사나불이라고 말하므로 비로자나불이 바로 노사나불이다. 또 「화엄경광약찬게」를 보면 비로자나불을 석가모니불과 같은 뜻으로 여겼다.

07 과거현재미래세過去現在未來世
08 시방일체제대성十方一切諸大聖
09 근본화엄전법륜根本華嚴轉法輪
10 해인삼매세력고海印三昧勢力故

　시방삼세의 모든 부처님께서 방편설이 아닌 근본설로 『화엄경』을 설법하신 것은 해인삼매의 힘을 말미암은 것인데 해인삼매는 『화엄경』의 총總삼매이다. 해인海印이란 바다에 바람이 그치면 파도가 고요해지고 물이 맑을 때 삼라만상이 모두 도장 찍히듯 표면에 나타나는 것을 말한다.

　부처님의 심중에 알음알이의 파도가 일지 않고 맑고 밝으며, 지극히 고요하여 삼세의 일체 법이 일시에 환하게 나타나는 것에 비유하였다. 해인삼매 속에 나타난 만유萬有를 진실하게 설한 것이다.

　사람이 지극히 고요해지면 또렷이 상황을 파악하고 인연에 순응할 줄 알게 된다. 잘 알지 못하더라도 본심에

기대어 인생을 살려고 하는 일은 결코 가벼운 일이 아니며 분명 꿈과 이상이 아름다운 인생이다.

그래서 화엄산림華嚴山林이 위대하다. 눈에 티끌이 들어가면 제대로 볼 수 없듯이 사소한 욕심 때문에 바른길이 보이지 않는다. 물불을 가리지 않는 사람도 『화엄경』을 자주 보면 편안함을 실제로 느낄 수 있다. 거센 물결에 정신없이 휩쓸려 떠내려가다가 의지할 땅에 닿으면 얼마나 위로가 되는가.

세
주
묘
엄
품

대
중

이
름

동명同名보살과 이명異名보살

강의 영상

11 보현보살제대중普賢菩薩諸大衆

0 **보현보살**普賢菩薩이 『화엄경』첫 품인 「세주묘엄품世主妙嚴品」에서는 동참한 대중 가운데 맨 처음 거명된다. 이름에 보普 자가 들어간 열 명 보살이 맨 먼저 열거되고, 그 숫자가 또한 무수하다는 것은 우리의 심체心體가 끝없이 넓음을 뜻한다. 이름에 돌림자가 같은 보普 자 보살들은 한결같은 신심을 표한다.

1 **해월광대명보살**海月光大明菩薩 등 각기 다른 이름을 가진 열 명의 이명보살異名菩薩이 대표적으로 열거되고, 그 숫자가 무량하다는 것은 우리의 심상心相에 거룩한 성품의 공덕이 모래알처럼 가득하다는 뜻이다.

그리고 이름이 저마다 다른 보살들은 신심이 무르익어서 도심道心을 낸 발심보살들이다. 발심發心을 늘려서 말

하면 발보리심이며, 조금 더 늘리면 발아뇩다라삼먁삼
보리심이다.

   화엄산림은 언설言說로 법문하는 설파說破에 뜻이 있는
것이 아니라 어려운 인생을 타파打破하는 데 그 목적이
있다.

근본신중根本神衆

강의 영상

「세주묘엄품」에는 보살 대중에 이어서 열아홉 부류의 신중神衆이 나온다. 이 책에서는 앞의 집금강신執金剛神, 신중신身衆神, 족행신足行神, 도량신道場神 등 네 부류의 신중을 근본신중으로 분류하였다. 집금강신이 심체心體의 견고성을 의미한다면, 신중신은 심상心相의 다양성을 의미하며, 족행신은 심용心用의 변화성을 의미한다. 그래야만 도량신이 비로소 갖추어지게 되는 것이다.

12 집금강신신중신執金剛神身衆神

집금강신 무량한 세월 동안 부처님을 따르면서 불법을 옹호한다.
신중신 옛적에 대원을 성취하고 부처님께 부지런히 공양한다.

2 **집금강신**執金剛神은 금강저金剛杵를 잡고 있는 신중神衆을 말한다. 가장 견고한 쇠 절굿공이로 잡다한 번뇌를 부순다는 의미를 담고 있다. 우리의 심성을 다이아몬드에 비유하여 언급할 때가 종종 있는데 마음의 본체는 다이아몬드의 매우 견고함에 비유하고, 마음의 작용은 다이아몬드의 예리함에 비유할 수 있다.

집금강신은 심체心體의 견고성을 의미한다. 본심은 견고하여 허공처럼 비어서 더하고 뺄 수 없으며, 자르고 깨뜨릴 수 없고, 생겨나거나 사라지거나 하는 것이 아니기 때문에 진공眞空이다. 또 마음은 예리하여 빛이 어둠을 순식간에 쓸어 버리는 것 같고, 따뜻한 바람이 만물의 싹을 틔우는 것과 같다. 분명하게 보이고, 똑똑하게 들리며, 밤낮없이 한결같고, 변함없이 또렷한 마음이기 때문에 묘유妙有이다.

3 신중신身衆神을 쉬운 말로 비유하면 도플갱어라고 할 수 있다. 신身은 신神의 자신自身을 말한다. 능소能所를 합하여 신중신이라고 하였다. 이 종류의 신은 오로지 다양한 변화신變化身으로 불사佛事를 하기 때문에 이명二名과 삼덕三德이 있다고 한다.

신중신은 좁은 뜻으로는 몸이 여러 개 있는 중생을 가리키는 말일 수도 있다. 하지만 넓은 뜻으로 본다면 우리의 본심本心 속에 사막의 모래알처럼 많은 능력이 완전하게 잠재되어 있는 심상心相을 표현하는 말이다.

본심에 갖춰진 다양성은 억지로 닦고 익혀서 얻어진 것이 아니다. 마치 꽃이 피면 자연스럽게 향기가 번지는 것과 같다. 때와 장소에 알맞은 자비로운 언행言行이 저절로 이루어지는 것이 바로 본래의 심상이다. 기품 있는 말과 행동으로 매우 역동적이고 이타적이며 이해타산에 흔들림 없는 마음이 표출된다.

행동거지가 악독한 탐貪 · 진瞋 · 치癡는 본심에서 유출

되는 것이 아니라 무명無明의 망심妄心으로 인해 나타나는 법이다. 깊은 수행력이 없으면 묵은 업식業識의 무명無明을 쉽게 알 수 없다. 이는 탐貪·진瞋·치癡·만慢·의疑·견見이라는 근본번뇌 의업意業을 통하여 알 수 있다.

안에서 여섯 가지 근본번뇌의 의업意業이 먼저 움직이면 밖으로 구업口業과 신업身業이 따라서 나타난다. 그렇게 일어난 말과 행동은 본래의 심성을 어기고 캄캄한 무명업식無明業識에서 허망하게 야기된 것이다. 그리고 업식業識과 의식意識 사이에서 강력한 지식智識이 업식의 힘을 빌려서 좋아하는 것과 싫어하는 분별심을 내면서 끊임없이 의식으로 하여금 즐거움과 괴로움에 빠져들게 한다.

대승불교의 체계적 수행은 바라밀행이다. 보시바라밀부터 순차적 바라밀행을 통하여 중생의 괴로움을 없애고 즐거움을 추구하는 발고여락拔苦與樂이며, 모든 괴로움을 여의고 즐거움을 되찾는 이고득락離苦得樂이다.

49

13 족행신중도량신足行神衆道場神

족행신 무량한 세월 동안 부처님을 모시고 멀리 떠난 적이 없다.
도량신 무량한 부처님 가까이에서 도량을 청정히 장엄한다.

4 족행신足行神도 근본신중으로 그 이름에 두 가지 뜻이 있다. 첫째는 족행중생足行衆生을 의지하고 수호하는 까닭이다. 「입법계품」에는 '족행신이 보배 연꽃으로 선견善見비구의 발을 받들었다[足行諸神 持寶蓮華 以承其足].'고 하였다. 족행신의 덕德은 여래를 그리워하고 우러르는 마음이다[戀仰如來].

둘째는 발이 걸어가는 곳, 즉 도로신道路神을 말한다. 부처님이 행하신 바의 바라밀 수행을 밟아 가는 것을 말한다. 그래야만 도량신이 비로소 갖추어지게 되는 것이다.

날개로 날아다니거나 지느러미로 헤엄치는 중생에 견주어서 족행신은 단순히 발로 걸어 다니는 중생을 가리키는 말이기도 하다. 그러나 중의적 표현으로는 만족하는 일을 행하는 것을 의미하는데, 만족한 행이라는 것은 원만한 자리이타自利利他의 행을 말한다. 곧 집착심 없는 바라밀행이며, 조고각하照顧脚下와 각답실지脚踏實地를 뜻하는 말로도 볼 수 있다.

실제로 현실에서 허망한 생각이나 말과 행동이 아니라 모든 이에게 이로운 행동 양식의 심용心用이라고 할 수 있겠다. 마음의 작용이라고 하는 것은 인연을 따라 변화하는 환경과 조건에 상응하여 적절한 강도로써 유연하게 대처하는 것이다.

쇠로 금을 만들고, 수렁에서도 오염되지 않고, 밀물과 썰물처럼 머물 자리와 떠날 자리를 잘 알고, 본심의 위엄을 나타내되 거만하지 않으며 잡스럽지 않은 것이다. 아무리 캄캄해도 어둠에 결코 묻히는 법이 없는 별빛처럼 반짝이며, 모진 겨울바람에도 향기를 팔지 않는 매화의 고상함과 같다.

5 도량신道場神은 부처님께 공양하기를 원하고, 언제나

수행자의 처소를 고요하게 지키고, 깨끗하게 꾸미는 존재이다. 번뇌 망상을 털고, 성심껏 자비와 지혜를 내며, 양심을 따르는 존재가 단정하게 살 만한 곳이 도량이며, 그 존재를 돕는 이를 도량신이라고 한다.

도량신은 보잘것없는 씨앗이라도 장성하도록 키우며, 생각마다 보배스러워 꽃비가 내리는 것 같고, 악취 나는 망상의 구석구석을 쓸고 닦아서 생각마다 윤기가 흐르게 한다.

순풍에 돛 단 배처럼 편안한 눈길과 부드러운 손길이 저절로 생기며, 밝은 달밤에 꽃 그늘에 앉은 것처럼 혼자서도 즐거움이 솟게 한다. 너무 뜨겁거나 차갑지 않지만 녹일 것은 다 녹이고 식힐 것은 다 식히는 묘한 도리를 도량신이라고 한다. 세상의 번다한 소음이 아니라 여유를 가진 음악이 흐르는 것 같은 인생살이가 도량신이다.

잡류신중雜類神衆

강의 영상

　주체적인 집금강신, 신중신, 족행신, 도량신 등 근본신중 다음에 주성신主城神과 주지신主地神 등 열다섯 부류의 신중은 잡류신중으로 분류하였다.

　「세주묘엄품」에 나오는 신중神衆이란 신비롭고 영통靈通한 무위자연無爲自然의 위신력을 말한다. 신의 영역은 결코 인위적으로, 임의대로 조작할 수 없는 것들이다. 거대한 땅과 하늘과 바다와 산과 해와 달의 작용을 절대 만들 수 없으며, 그 자체가 인연의 취산聚散에 따라 자연히 만물을 생멸하게 하는 신비로움이 있다. 보이는 현상現象과 현상을 작용시키는 불가사의한 공덕의 힘을 신神이라고 하였다. 단지 범신凡神을 말하고자 하는 것이 아니라 땅과 빛과 바람처럼 소중한 존재가 되어 세상을 유익하게 하는 신神처럼 살라는 것을 뜻한다.

14 주성신중주지신主城神衆主地神

주성신 무량한 세월 동안 여래가 거처하시는 궁전을 엄정한다.
주지신 중후한 발원으로 부처님을 모시고 복덕을 닦는다.

6 주성신主城神의 성城이란 불의의 재난이나 외부의 습격 등으로부터 삶의 터전을 안전하게 지키는 성벽을 말한다. 성을 주관하는 신이라는 것은 사람이 모여 사는 사회의 구조를 원활하게 유지함을 말한다. 그러므로 여래가 거처하시는 궁전이 성 안에 있다는 것은 정해진 계율을 엄정히 따르며 마음속 부처님을 지킨다는 의미가 담겨 있다.

제일 먼저 주성신을 언급하는 것은 스스로 마음의 성을 잘 단속하라는 의미다. 강물이 아름다운 것은 진주를 간직하고 있기 때문이며 산이 아름다운 것은 옥을 품고 있기 때문이듯이 다듬어진 생각은 화목和睦의 근본이 된다.

사람마다 각자 마음의 성城에 화목을 이루고 여래의 궁

전을 장엄한다면 그대로 화목한 불국토가 이루어진다. 각기 태생이 다른 사람들이 모여 살면 무엇보다도 화목이 우선이다. 불화하면 같이 살아도 같이 사는 일이 아니다.

우뚝하게 솟은 견고한 성벽이 도적을 방비하는 구실을 하듯이 마음에 청정한 계율을 쌓아서 사소한 탐욕에도 허덕이며 망상을 피우는 육근六根의 도적을 막는다는 뜻을 엿볼 수가 있다. 일상을 지혜롭게 세세히 살피고 생각을 가다듬어 욕심을 좇아 흐르지 않고 참기 어려운 일을 잘 견디고 정진하여 삼매를 체득할 수 있도록 해야 한다.

근본신중 다음으로 등장하는 열다섯 부류의 잡류신중 가운데 성을 주관하는 신을 가장 먼저 언급하였다는 점에서 『화엄경』「세주묘엄품」의 근본 목적을 엿볼 수 있다. 「입법계품」에서는 주지신이 먼저 나온다.

7 주지신主地神은 깊고 무거운 원願으로 행덕行德을 짊어지는 것을 표한다. 땅은 중후하여 속으로는 무진장한 보배를 간직하고, 겉으로는 강해산악江海山岳을 실어 주며

중생이 딛고 사는 뼈대가 된다. 시절 따라 변화하는 물결에도 흔들림 없이, 언제나 차별 없이 일체 만물을 길러 내는 터전이 되어 준다.

땅이 뜻하는 바는 마음의 땅, 심지心地이다. 본래면목本來面目이며, 본지풍광本地風光이다. 종일토록 산마루를 걸으면서 산을 찾는 사람처럼 평생 마음의 땅을 딛고 살면서 그 마음을 찾는다고 하면 그 또한 어리석은 일이다.

부지런한 농부는 오염이 없는 마음의 땅에 초목마다 갖가지 꽃을 피우고 열매를 거두며, 발자국마다 사람의 향기를 남긴다. 마음의 땅은 다이아몬드로 되어 있어서 소출마다 보배스럽다. 마음의 땅을 알지 못한다면 필시 잠을 자고 있거나 꿈을 꾸고 있거나 다른 생각에 사로잡혀 있음이 분명하다. 깨어 있다면 보고 듣고 하는 일이 자연스러운 일이며 그것이 불성佛性인 줄 저절로 알게 된다.

『화엄경』을 알아야 비로소 자기 스스로 보태지 않아도 지금 이대로 넉넉한 부자인 줄 알게 된다. 『화엄경』을 알게 되면 자신에게 예의를 차리는 자존심이 생겨서 인생을 귀하게 여기고 가치 있게 살려고 하며, 현실에서 성인聖人들이 살아가는 모습이 거룩하고 장엄함을 보고 느끼게 된다. 「보현행원품 不讀華嚴經 不知佛富貴」

이利·쇠衰·훼毁·예譽·칭稱·기譏·고苦·락樂의 팔풍八風에 흔들리지만 않는다면 생겨나는 인욕심 덕분에 악업장惡業障이 서서히 소멸된다. 악업장이 어느 정도 가라앉아야만 세밀하게 정진할 수 있다. 차분한 정진精進은 정미소에서 벼를 찧어 쌀을 얻는 것과 같다. 앞에서 말한 인욕忍辱은 햇볕과 바람결에 부대끼며 논에서 자라는 벼이삭과 같다.

비방하면[謗] 참고[忍], 속이면[欺] 양보하고[讓], 욕하면[辱] 피하고[避], 비웃으면[笑] 따라 주고[由], 업신여기면[輕] 견디고[耐], 천대하면[賤] 존경하고[敬], 몰아붙이면[騙] 바로잡지 말고[不要理他], 그렇게 살아야 사람처럼 사는 것이며 쉽게 삼매를 경험할 수 있다.

인생은 만남도 소중하지만 이별은 더욱 중요하며, 함께 도모할 때는 신의信義를 귀하게 여겨야 하고, 피치 못해 서로 헤어질 때는 배려配慮를 귀하게 여겨야 한다.

15 주산신중주림신主山神衆主林神

주산신 지혜의 눈으로 보배로운 산과 같은 공덕을 쌓는다.
주림신 꽃과 싹이 매일 자라는 숲처럼 좋은 광명을 지닌다.

8 **주산신**主山神은 최상승의 공덕을 의미하는 말이다. 베푸는 마음이 넉넉하면 마치 약초가 가득한 설산雪山처럼, 세상의 명품 경전처럼 기예와 재주가 넘친다. 계행이 맑으면 향산香山에 가득한 향처럼 주변을 풍요롭게 한다. 욕심이 없으면 선정과 신통과 삼매가 이루어져 순수한 보배를 간직한 산처럼 된다. 부지런하면 악업장이 무너지고 수승한 지혜 방편으로 한가로워진다.

또한 산은 지혜로운 사람을 뜻한다. 높은 산이 되려면 흙 한 줌, 돌 한 개, 나무 한 그루라도 소홀히 버리지 않고 모두 거두어 포용해야 한다. 사람이 지혜롭지 않고는 공덕의 산을 쌓기가 쉽지 않다. 보통 사람은 평지와 같으며, 악독한 사람은 구덩이와 같다. 모든 일을 너그럽게 포용하는 것은 잡된 생각이 없는 본심의 고요함을 아는 사람이라야 가능한 일이다.

흙산도 바위산도 아닌 보배산에 햇빛이 가득하게 쏟아지고, 꽃이 가득하게 피고, 맑은 산바람이 불고, 새소리가 밤낮없이 들리고, 골짝마다 약초가 가득하게 자라고, 메아리가 계곡물에 가득히 스며들면 얼마나 아름다운가. 청산을 사면 백운이 공짜다.

명산이 되려면 봉우리가 높아야 하고, 계곡도 맑아야 하고, 자라는 식물이나 바위가 신비로우면서도 아름다워야 하고, 훌륭한 도량道場도 있어야 한다. 하지만 무엇보다도 선지식이 없으면 그 산은 명산이 아니다. 용이 얕은 물에 살면 새우에게도 얕보이고, 범이 마을을 어슬렁거리면 개에게도 비웃음을 받는 것과 마찬가지이다.

9 주림신主林神은 무루지無漏智로써 중행衆行을 인도하며, 울창하게 우거진 숲처럼 남들에게 풍성한 모범이 되는 것을 뜻한다. 숲에 있는 꽃과 잎과 새싹과 열매가 쉼 없이 자라듯이 마음에 공덕의 숲을 가꾸는 것을 말한다.

숲이 빽빽하게 우거져 총림이 되면 나무가 서로서로 의지하여 어지럽지 않고 곧게 자라나는 것처럼, 또한 전단나무 아래에 있는 다른 나무들에 전단향이 훈습되는 것처럼, 불보살의 공덕의 숲을 의지하면 범부도 불보살의 향기가 난다. 쑥도 삼밭에서 자라면 바로잡아 주지 아니하여도 스스로 곧게 자란다.

숲의 나무는 뿌리로 땅 기운을 거두어서 줄기를 단단하게 하고, 흐르는 물기운을 거두어서 초록색 잎을 무성하게 하고, 지나는 바람의 기운을 머금어서 향기를 토하고, 밝은 빛을 거두어서 꽃을 피운다. 숲에 있는 꽃들이 저마다 품고 있는 꿀이 익으면 달콤한 열매가 된다.

해바라기는 햇빛을, 달맞이꽃은 달빛을 모아서 피고, 산삼은 아스라한 먼 별빛을 모아서 꽃을 피우기 때문에 약초가 된다고 한다. 그 말은 지금 살아가는 하루하루의 작은 바라밀행이 모여 부처를 이룬다는 뜻이다.

세상에는 크게 세 가지 꽃이 있다. 꽃만 있고 열매는

그다지 실속이 없는 광화誑花가 있고, 꽃이 지고 나면 반드시 하나의 열매를 맺는 여화如花가 있으며, 꽃과 열매를 동시에 맺는 실화實花가 있다. 여기서 실화는 연꽃을 말한다. 중생이 곧 부처라는 뜻이다.

가을에 소나무를 살펴보면 이듬해 봄에 피게 될 솔의 순을 미리 간직하고 있다. 동백나무나 목련, 진달래도 마찬가지로 이듬해에 필 꽃망울을 품고 가을과 겨울을 지낸다. 발심한 사람의 마음속에는 여래를 품고 있으니 실로 맹구우목盲龜遇木이 거룩하다고 말하지 아니할 수 없다.

16 주약신중주가신主藥神衆主稼神

주약신 마음의 병든 때를 여의고 인자함으로 중생을 돕는다.
주가신 부드럽고 맛난 곡식처럼 주린 중생의 허기를 달랜다.

10 **주약신**主藥神은 행덕行德이 미혹함을 조복 받아서 법신을 자익資益하는 것이다. 심성의 때를 여읜다는 것은 미혹함을 항복 받아서 마음의 병을 없애는 것이며, 인자함으로써 중생을 돕는다는 말은 선업善業을 지어서 보익補益하는 것이다.

설산에서 비니향초肥膩香草를 먹고 사는 설우雪牛는 똥도 약이 되고 향이 된다. 비니향초는 애초에 청정하고 향기롭기 때문이다. 그러나 목동과 사냥꾼의 눈에는 약초가 보이지 않는다. 화엄의 길도 어디에나 있지만 아무에게나 보이는 것이 아니다. 집착이 강해서 쇠가죽을 뚫듯이 지식으로 경전을 대하는 사람은 애꿎은 마음만 상한다. 좋은 방편으로 온갖 병에 시달리는 중생을 알맞은 처방으로 치료한다면 주약신이다.

무는 1년 동안 자라고, 인삼은 잘하면 6년 동안은 자라며, 산삼은 100년 동안 자라기도 한다. 산삼이 훌륭한 약초가 되는 것은 숱한 비바람 속에 고요한 기다림이 있었기 때문이다. 수행인이 눈앞의 이익에 지나치게 흔들리지 않고, 속효심速效心을 버리고 평범하게 살면 날마다 좁쌀만큼의 주약신이 자라난다. 수행인의 소임 자체가 세속의 신분이 되어서는 아니 되며, 하물며 학위나 안거安居가 신분이 되면 더욱 바람직하지 못하다.

앞에 나온 주림신은 보살의 행원行願을 적극적으로 어려움 없이 짊어지고 갈 수 있는 대승보살이다. 큰 들보나 기둥 같은 재목에 견줄 수 있다. 반면 주약신은 소극적이지만 올바른 믿음을 가진, 삿되게 흐르지 않고 경전의 말씀을 착실히 숙지한 드러나지 않는 수행인이다. 이어서 말할 주가신은 평범하지만 세상에 꼭 필요한 양식처럼 사회 구성의 필수 요소가 되는 일꾼 같은 마음에 비유할 수가 있겠다.

11 **주가신**主稼神의 가稼는 곧 오곡을 말한다. 바라밀행

의 법미法味로 자타自他를 도와서 이롭게 하는 것을 표한다. 타인의 이익을 위하는 마음이 흡족하므로 큰 기쁨을 성취하였다고 한다.

곡식과 과일 등의 열매는 자연스러운 조화의 극치를 보여 준다. 빛을 받고 자라는 곡식은 광명의 집합체이다. 또 어떤 의미로 보면 약초보다 더 귀한 것이다. 약초는 특수한 입장에서 필요하지만 곡식은 모두에게 필수 불가결한 요소이면서 강력한 에너지의 근원이므로 더 귀하고 필요한 것이 주가신이라 할 수 있다.

곡식이 부드럽고[柔軟] 맛이 뛰어나다[勝味]는 것은 달콤한 것은 달콤한 대로, 매운 것은 매운 대로 각자 맛의 역할에 충실하다는 것이다. 수행이 깊어지고 경전의 내용이 이해가 되면 삶에 깊이가 생기고 어려운 일도 쉽게 만들며 유연하게 대처하는 본심本心이 유출된다.

일체 법을 잘 살펴서 환술과 같고, 꿈과 같고, 번갯불 같고, 메아리 같고, 허깨비 같고, 그림자와 같은 법성法性

을 지식으로 이해하기만 하여도 중생의 곡식밭을 넉넉하게 할 수 있는 역량을 갖추게 된다. 곡식이 매일 쏟아지는 것은 정말 기적 같은 일이다. 여기까지 4대 중에 지대地大에 해당한다.

경전을 공부하는 것은 농사를 짓는 것과 다르지 않다. 곡식이 찬 바람 불기 전에 고개를 숙이지 못하면 결국 쭉정이가 되고 만다. 경전이 이해되지 않으면 종갓집에 갓시집온 새색시와 같지만 오래도록 살면 자연히 가풍이 몸에 익는다. 향을 오래도록 풍기면 그 향이 훈습되는 것은 당연한 이치이다.

아무리 좋은 생각이라도 그것은 지엽枝葉이다. 생각을 생각하게 하는 주인공이 있다. 누구나 북을 치면 북소리를 저절로 듣는데 그것은 만고에 신분 없는 거룩한 사람이 있기 때문이다.

父母未生前에   부모에게 태어나기도 전에
凝然一相圓이라   또렷이 한 모습이 온전하였다

釋迦猶不會어든　　석가모니불도 알지 못하셨거늘
迦葉豈能傳가　　　가섭이 어찌 전할 수 있었으랴

17 주하신중주해신主河神衆主海神

주하신 쉼 없이 흐르는 강물처럼 중생을 이익에 젖게 한다.
주해신 부처님 공덕의 큰 바다로써 그 몸을 충만하게 한다.

12 **주하신**主河神은 법하法河가 유주流注하여 중생을 윤
익潤益하게 함을 표한다. 또한 생사의 폭류 속에서 허우
적대는 중생을 건진다는 의미도 있다. 강물의 청탁淸濁을
따지지 않고 모두 하河라고 한다. 업에 매인 생사의 법류
法流를 주하신이 주관한다.

'부지런히 뜻을 내어 중생을 이롭게 한다.'는 것은 강물
이 흘러 내려갈 때 물결이 잠잠하게 흐르고, 거슬러 올라
갈 때는 부드러운 바람처럼 가볍게 차고 오른다. 물속이
깊은 곳에 다다르면 오래 머무르고, 논밭으로 흐를 때는
넉넉하게 적시어 풍요롭게 한다. 수많은 샛강을 인도하
여 해害를 없애고, 넓은 들판의 곡식을 자라게 하듯이 부
지런히 뜻을 내어서 중생을 넉넉하게 한다는 뜻이다.

샘이 큰 바다로 흘러가기 전에 반드시 시내가 되고, 시내가 샛강이 되고, 샛강이 큰 강이 되듯이 작은 선행부터 도도한 수행까지 거침없이 번뇌를 씻어 내는 길이 주하신이라고 할 수 있을 것이다.

인간의 관계 속에서는 관습과 체면 등의 여러 인연이 한 사람의 인생을 결정한다. 우리는 그 속에서 업을 맑히고 헹구면서 살아간다. 그 물에 어찌 진주가 자라지 않을 수 있겠는가. 강물에서 고기가 헤엄치는 것이 신비롭게 여겨지면 인생의 아름다움을 제대로 느끼는 것이다. 정말로 강물이 거룩하지 않은가.

세상의 신비로움과 자신의 신비로움을 완전히 회향하면서 사는 길이 보살의 행원이다. 보살의 행원은 비유하면 열뇌가 없는 아뇩달지阿耨達池 사방으로 대하가 도도히 흐르며 남섬부주를 윤택하게 적시어 가뭄이 들지 않게 하고 모든 곡식을 길러 내어 바다에 이르러서 충만하게 하는 것과 같다.

수행인은 발심하여 대원력大願力의 물줄기를 유출해서
베푸는 마음과 고운 말로 공익을 더불어 도모하는 사섭
법四攝法으로 중생을 끝없이 다독이고 일깨우며 알맞은
지혜를 원만히 깨닫도록 하여야 한다.

13 주해신主海神은 만덕을 함유하고 낱낱이 깊고 넓은
뜻을 표한다. 큰 바다는 대과大果의 훌륭한 미덕美德을 가
지고 있다. 그 미덕은 다음과 같다.

첫째, 바다가 점점 깊어지듯이 수행인은 원력과 선교善
巧의 방편이 점점 깊어진다.

둘째, 바다가 냄새나는 송장을 받아들이지 않고 밀어내
듯이 계율을 어기는 병든 생각을 용납하지 않는다.

셋째, 모든 강물이 바다에 들어가게 되면 옛 이름을 버
리듯이 세속적인 헛된 이름을 버리고 불명佛名을 지닌다.

넷째, 바다의 바깥쪽과 한가운데가 오직 한 가지 짠맛

이듯이 언제 어디서나 부처님과 같은 뜻으로 부지런히 공덕을 짓는다.

다섯째, 바다에 칠보와 진주가 무량하게 있는 것처럼 갖가지 방편과 재능을 발휘하여 세상을 보배스럽게 한다.

여섯째, 바다가 너무 깊어 밑바닥에 이를 수 없는 것처럼 쉽게 알 수 없는 인연 바다의 한없이 깊은 이치를 자세하게 살핀다.

일곱째, 바다가 끝없이 넓어서 무한한 것처럼 광대하여 한량없는 지혜를 되찾는다.

여덟째, 바다가 큰 까닭으로 온갖 물고기와 커다란 생명체가 사는 것처럼 큰 지혜와 대자비로 장엄한 불사佛事를 이룬다.

아홉째, 바다가 밀물과 썰물의 때를 어기지 않듯이 깊은 해탈을 얻어서 시절인연의 이치에 알맞게 살며 때를 놓치지 않는다.

　열째, 바다에 많은 장맛비가 쏟아지더라도 그 양이 늘어나거나 줄어들지 않는 것처럼 일체 모든 부처님의 큰 법을 마음에 가득히 받아들여도 싫증을 낼 줄 모른다.

18 주수신중주화신主水神衆主火神

주수신 목마름에 허덕이는 모든 중생을 평등하게 구호한다.
주화신 불같이 환한 지혜로 캄캄한 중생의 무명을 소멸한다.

14 주수신主水神은 강, 바다, 물, 비, 이슬, 서리, 눈 등을 말한다. 법수法水로써 품고 적신다는 의리義理가 있다. 빠진 것을 건지는 것을 구救라고 하고, 위기에서 구하는 것을 호護라고 한다. 이미 사견邪見과 탐애貪愛의 물에 빠진 자를 구하고, 장차 빠져서 쏠릴 자를 보호한다. 항상 부지런히 일체중생을 구호해서 이롭게 한다는 것은 곧 구름과 비가 만물을 적시어 잘 자라도록 하듯이 항상 법문으로 중생을 적신다는 뜻이다.

맑은 물처럼 올바른 정견正見과, 시원한 물처럼 냉철한 정사유正思惟와, 감미로운 물처럼 거슬림 없는 정어正語와, 부드러운 물처럼 남을 돕는 정업正業과, 윤택한 물처럼 양심적인 정명正命과, 고요한 물처럼 또렷한 정념正念과, 갈증을 없애는 물처럼 쉼 없는 정정진正精進과, 만물

을 생장시키는 물처럼 지혜가 돋아나는 정정正定을 수행
한다.

물에는 공덕이 있다. 맛이 시원하고, 달콤하며, 부드럽
다. 여울진다는 말은 관심이 있어서 그 주위를 돌고 돈다
는 말이다. 도를 배우는 길은 달리 기특奇特한 방법이 없
고 다만 물로 탁한 때를 씻듯이 육근과 육진 아래에 무량
한 세월 동안 쌓은 업식의 종자를 씻어 내는 일이다.

점점 청정해지면서 진리에 대해 공손히 예배하며, 이
참理懺과 사참事懺으로 뉘우치며, 환희로움을 따라서 화
합하며, 부지런히 정진하며 불법佛法을 권하고, 옹졸함을
돌이켜서 대범함으로 회향하면서 악업장을 소멸한다.
그러면 하루에 좁쌀만큼씩 고향의 봄날이 돌아온다.

늦가을 계곡물이 줄면 고인 물은 미처 강으로 흘러가
지 못하고 겨울을 맞기도 한다. 혼자서는 갈 수 없기에
이듬해 봄비를 기다렸다가 더불어서 갈 수밖에 없다. 인
생도 가끔 그러하다.

하河 · 해海 · 수水는 4대 중에 수대水大와 연관됨을 표한
다. 이어 화대火大, 풍대風大로 이어진다.

15 주화신主火神은 지혜의 불길로 번뇌의 섶을 사르고,
성숙된 선근으로 캄캄한 무명의 막힌 귀를 뚫는다는 뜻
이다. 불은 두 가지의 성질이 있다. 공덕을 보태기도 하
고 없애기도 한다. 혜광慧光으로 어두움을 밝히는 것은
용익用益이며, 혹고惑苦의 열뇌熱惱를 없애는 것은 지손止
損이다.

「세주묘엄품」에 나오는 각 신중神衆이 가진 이름의 의
미만이라도 뚫으면 『화엄경』을 이해하는 것은 식은 죽
먹기이다. 『화엄경』이 뚫리면 인생의 용광로가 생긴다.
느슨하고 팽팽한 것에 자재하면 모든 것이 공덕이 되지
만, 놓치면 감주甘酒를 만들 때 자칫 때를 넘겨 맛을 잃고
돌이킬 수 없는 것처럼 된다.

「세주묘엄품」이라고 하는 것은 부처님이 정각을 이루
심으로 인하여 온 세상이 비로소 보배스럽게 장엄된 사

실을 확실히 아셨던 내용을 상세히 설명한다. 그래서
「세주묘엄품」은 『화엄경』에서 가장 중요한 품으로 교기
인연분敎起因緣分에 해당한다. 마치 솜사탕의 막대기처럼
39품을 하나의 실타래로 엮는 것과 같다.

「세주묘엄품」은 '대방광을 깨달은 부처님이 이와 같은
사실을 깨달았는데, 모모某某도 한 분야에서 부처님과 같
은 이치를 깨달았다. 그러므로 지금 『화엄경』을 보고 있
는 당신도 그와 같이 하는 것이 바람직하다.'고 반복하여
설명한다.

하루에도 수많은 열매가 조롱조롱 열리는데 어찌 다
헤아릴 수 있으며, 해마다 나무가 잎갈이하는 것을 어찌
다 헤아릴 수 있을까. 한없이 쏟아지는 햇빛, 쉼 없이 부
는 바람, 숱한 별과 꽃들 그리고 허공마저 얼마나 아름다
운가.

그리고 도저히 알 수 없는 마음의 흔적은 사람을 사람
답게 만들어 가므로 「세주묘엄품」은 그대로 부처님이다.

사람의 생각은 화수분과 같고 바다와 같으니 사람마다 귀하지 않은 사람이 없다. 늘 사소한 생각들이 옹벽처럼 공덕의 물길을 막기도 하지만「세주묘엄품」을 제대로 알면 어느 하루도 만만하게 여겨지지 않는다.

19 주풍신중주공신主風神衆主空神

주풍신 바람처럼 세간법과 출세간법에 걸림이 없다.
주공신 여러 갈래 중생의 마음을 제대로 알고 맑게 한다.

16 주풍신主風神은 방편의 무주無住를 표하며 구부러지지 않는 곳이 없다. 노래할 때 음정과 박자를 무시하고 기분 내키는 대로 부르면 듣는 사람이 감상하기가 얼마나 버겁겠는가. 또한 고상하고 격조 높은 음악도 일반 사람이 의미를 알기는 쉽지 않다. 정성껏 사연을 담아서 부르는 적당한 노래가 산들바람처럼 사람을 지치거나 다치게 하지 않는다.

주풍신은 무애하게 흐르면서 동서로 자유자재하게 유주遊周한다. 매이지 않은 느긋한 마음은 투명한 마니주처럼 원만한 성질이 있어서 갖가지 보배 빛을 자연스럽게 쏟아 낸다.

17 주공신主空神은 법성法性이 공한 것을 표한다. 오염

을 여의었다는 이염離染과 허공처럼 두루 하다는 주변周
遍 등등 각각 그 이름에 따라서 판단을 해야 한다.

만약 마음에 허망한 번뇌의 티끌이 어지럽게 일어나면
깨끗한 본래의 심성이 흐려지고, 지혜의 태양이 높이 솟
으면 망정妄情의 먹구름이 저절로 걷힌다. 허공에 태양이
있으면 툭 터져서 끝없이 밝듯이 지혜가 이치에 맞으면
만사에 형통하여 나날이 좋은 날이다.

기세간의 지수화풍을 순서대로 설한다. 중생세간의 법
력 순서대로 설하고, 지정각세간은 부처님의 깨달음의
세간을 설한다. 깨달은 사람의 입장에서는 모든 것이 원
융하지만, 바닷속에서 자기 강물의 이름을 버리지만 깨
닫지 못한 사람은 바다에서도 굳이 자기 강물을 고집한다.

공간 다음에 시간을 표한다. 지수화풍공견식 순서대
로. 「세주묘엄품」은 본래 일심이 지어낸 삼세간의 원융
함을 설명하고, 「입법계품」은 보리심을 발하여 본래 일
심으로 되돌아갈 수 있는 수행을 설명한다. 보조법계경 =

보조삼세법계문 = 화엄경. 깨달은 사람의 삶이란 보현행
원에 있다.

20 주방신중주야신主方神衆主夜神

주방신 방편의 광명을 나타내어 항상 길을 헤매지 않게 한다.
주야신 생멸의 긴 밤에도 정법을 즐기며 이끌어 준다.

18 **주방신**主方神은 사정邪正의 방우方隅를 표하며, 행行이 미혹하게 전도顚倒됨이 없게 한다. 신지身智의 교광教光으로 인도하여 섭수하므로 널리 빛을 비추며, 항상恒常하여 방출하지 않을 때가 없다. 태양이 하늘에 가득하여 상속하고 끊이지 않는 것과 같다.

숨어 있는 재목은 외부 사람은 모르지만 그 동네 사람이라면 환하게 알 수 있다. 하물며 매일 다니는 길을 어찌 헤맬 수가 있을까. 정신을 잃어버린 사람은 눈앞에 집이 있는데도 지나치고 말 것이다. 경전을 오래 본다는 것은 그 동네 사람이 되는 것과 같다. 정법을 의지한다는 것은 확실한 이정표를 의지해서 처음으로 가는 길도 야무지게 찾아가는 것이다. 내게 『화엄경』이 있지 않은가.

19 주야신主夜神은 캄캄한 무명無明으로 생긴 기나긴 생사의 밤을 밝은 지혜로 인도하여 정로正路를 알게 하는 것을 뜻한다. 밤에도 잠을 잊고 부지런히 수행하기에 근수勤修라고 하며, 또 캄캄한 묵은 번뇌의 장미長迷를 환하게 밝히는 법을 즐기므로 주야신이라고 한다.

갈대숲에 바람이 불어 이상한 소리가 들리면 눈먼 개는 경계심이 생겨서 무작정 짖는다. 그런데 그 집 주인도 눈이 멀어서 개가 짖으면 도둑이 온 줄 알고 덩달아 고함을 지르며 사람을 부른다. 만약 개가 눈이 밝았다면 짖을 리가 없고, 사람이라도 눈이 밝았으면 개를 나무랐을 터이다. 그와 같이 설상가상이 되는 일이 우리 인생에 얼마나 많은가.

21 주주신중아수라主晝神衆阿修羅

주주신 미묘한 법을 확실히 알고 믿으며 올바르게 수행한다.

아수라왕 부지런한 정진으로 아만과 모든 번뇌를 조복 받는다.

    20 **주주신**主晝神이 낮에 섭화攝化한다는 것은 수행의 공덕이 항상 밝은 것을 뜻한다. 먼저 정해正解를 닦고, 나중에 정행正行을 부지런히 익힌다. 믿음이 있어도 바르게 알지 못하면 무명을 키우고, 이해는 하지만 믿음이 없으면 도리어 사견을 일으킨다. 믿음은 바르게 아는 것에 의지해서 청정해지고, 이해력은 믿음을 빌려서 더욱 깊어지는 법이다.

    열아홉 부류의 신중神衆 중에 집금강신執金剛神을 제외한 나머지는 모두 여신女神이다. 집금강신을 제외한 나머지 신중이 여신인 까닭은, 마치 어머니가 무한한 포용심으로 자애롭게 자식을 기르는 것처럼 보살이 신중神衆의 모습으로 모든 중생을 섭화하는 것을 나타내고자 하는 뜻이 있다.

대문 밖에 서서 문고리를 두드리는 것은 그저 문을 두드리는 것이 아니라 집안에 있는 주인을 부르는 뜻이 있다. 문고리는 마음공부의 실마리이며 주인은 실타래이다.

천룡팔부중天龍八部衆

강의 영상

주주신중아수라主晝神衆阿修羅. 주주신중主晝神衆까지는 잡류신중 대목이고 아수라阿修羅부터 천룡팔부중天龍八部衆의 대목이다.

21 아수라阿修羅는 투쟁을 좋아하고 승부심이 많은 까닭으로 첩첩산중에 살기도 하고 바다 밑에 살기도 하는데, 힘이 센 자는 널리 복을 닦는다. 투쟁심과 아첨심이 많은 아수라가 복을 닦아서 그것을 극복하면 저마다의 아수라금阿修羅琴을 지니게 되는데, 어떤 곡조를 듣고자 하면 곧 곡이 저절로 연주된다고 한다. 그것은 삶의 현실現實이 이상理想과 어우러지는 진속화동真俗和同을 표한다.

성냄과 교만과 의심 등 세 가지가 많은 사람은 아수라 업의 원인이 된다. 『업보경業報經』에서 부처님은 수가장자를 위하여 아수라의 과보를 받게 되는 열 가지 이유를 설하였다.

첫째, 신행身行에 악함을 품는 것. 둘째, 구행口行에 악함을 품는 것. 셋째, 의행意行에 악함을 품는 것. 넷째, 교만驕慢의 생각을 일으키는 것. 다섯째, 아만我慢의 생각을 일으키는 것. 여섯째, 증상만增上慢의 생각을 일으키는 것. 일곱째, 대만大慢의 생각을 일으키는 것. 여덟째, 사만邪慢의 생각을 일으키는 것. 아홉째, 만만慢慢의 생각을 일으키는 것. 열째, 여러 선근을 되돌리는 것이다.

22 가루라왕긴나라迦樓羅王緊那羅

가루라왕 큰 방편력으로 일체중생을 널리 섭수한다.

긴나라왕 일체 법을 잘 살피어 즐겁고 자재하게 노닌다.

22 **가루라**迦樓羅는 옛 번역에 금시金翅라고 하였으나 바르게 번역하자면 묘시妙翅라고 해야 옳다. 날개[翅]가 갖가지 보배로운 빛깔로 장엄하였기 때문이다. 또 항상 용을 잡아서 모이주머니 속에 두기 때문에 대소항大嗉項이라고 한다. 이 새는 고기와 용을 잡아먹고 칠보七寶를 능히 소화한다.

『중일아함경』에 이르기를 이 새는 용을 잡아먹는다고 한다. 금강산 산마루 철차수鐵杈樹 아래에 살면서 바닷물 속으로 들어가서 용을 잡아 물이 닫히기 전에 다시 본래 있던 나무로 재빨리 돌아오므로 속질速疾이라고 하였다. 훌륭한 방편으로 중생을 고해苦海에서 급히 구제하는 것을 표한다.

23 긴나라緊那羅는 의신疑神이다. 정수리에 뿔이 하나 있고 형상은 사람과 흡사하고 얼굴이 매우 단정하여 보는 사람들이 '사람인가[人], 사람이 아닌가[非人]' 하는 의심을 일으킨다.

긴나라는 노래의 신이라고도 하는데 능히 노래를 할 줄 알며, 제석천의 법악法樂을 담당하는 신으로 사천왕의 권속이다. 보살이 중생의 형상을 나타내지만 중생은 아니며, 항상 법으로 중생을 즐겁게 하고자 하듯, 부지런히 정진하여 모든 법을 관찰하고 마음이 항상 즐거우며 자재하게 노닌다는 것은 자타自他가 더불어 즐기며 자재하게 유희하기 때문이다. 때로는 거룩하게 때로는 평범하게 비성비범非聖非凡으로 모든 이들과 동행同行에 자재함을 표한다.

23 마후라가야차왕摩睺羅伽夜叉王

마후라가왕 갖가지 방편으로 중생의 어리석음을 끊게 한다.

야차왕 끝없는 방편을 써서 못된 중생을 부지런히 조복한다.

24 마후라가摩睺羅伽는 대복행大腹行으로, 곧 이무기인 망蟒의 종류이다. 보살이 모든 일을 두루 행하지만 행하는 바에 집착이 없는 것을 뜻한다. 마후라가는 귀가 들리지 않고 어리석으므로 방편을 써서 어리석음을 버리게 한다. 가람을 수호하고 번뇌의 그물을 끊게 함을 표한다.

25 야차왕夜叉王은 북방 비사문천왕毘沙門天王이다. 비사문을 번역하면 다문多聞이라고 한다. 복덕의 이름이 사방에서 자자하게 들리기 때문이다. 야차를 번역하면 경첩輕捷이라 하는데, 이는 야차가 가볍고 빠르게 공중을 날기 때문이다. 괴로움에 허덕이는 중생을 수호하고 구제함을 표한다.

24 제대용왕구반다 諸大龍王鳩槃茶

용왕 구름이 비를 내려 열기를 식히듯 번뇌를 식힌다.
구반다왕 무거운 업장을 극복하고 장애 없는 법을 베푼다.

26 **용왕**龍王은 서방 광목천왕廣目天王이다. 법운法雲을 일으켜 법의 비로 중생을 생장하게 함을 표한다. 용왕의 공덕 중에 밖으로 구름을 일으키고 비를 뿌린다는 것은 뜨거운 탐진치의 악독한 마음을 흩어 버린다는 뜻이며, 안으로 자비로운 구름으로 널리 혜택을 내린다는 것은 감로甘露 법문의 법우法雨로 널리 중생을 적시어 업장과 미혹과 고통의 뜨거운 번뇌의 불길을 잡는다는 뜻이다.

27 **구반다왕**鳩槃茶王은 남방 증장천왕增長天王이다. 자타自他로 하여금 선근善根을 증장하게 한다. 구반다왕은 장애가 깊고도 무거우므로 덕德 중에 무애無礙를 더욱 밝히는데 스스로 방편과 실법實法에 무애함을 배워 법계의 지혜 광명으로 중생을 이롭게 하기 때문이다. 모든 곳에서 대자대비로써 중생을 구제함을 표한다.

25 건달바왕월천자乾闥婆王月天子

건달바왕 정법에 믿음을 내고 기뻐하고 소중히 여긴다.
월천자 맑은 달빛 같은 자비심으로 생사의 밤을 비춘다.

28 건달바乾闥婆는 심향尋香이다. 십보산+寶山의 향 가루를 먹고 제석천의 음악을 담당하는 신으로, 제석천에 음악이 필요하면 나타나는 동방의 지국천왕持國天王이다. 국토를 지키고 중생을 편안하게 한다.

일반적 생업에 종사하지 않고 다만 남의 집 음식의 향기를 맡고는 곧 가서 곡曲을 연주해 주고 음식을 얻어먹으며 스스로 살아간다. 그래서 사람들이 음악 하는 이를 건달바라고 부른다.

신해信解가 있으므로 환희하며, 깊은 마음을 가지고 있는 까닭으로 아끼고 소중히 여긴다. 환희롭고 애중히 여기는 마음이 참으로 깊어서 수행을 멈추지 않는다. 믿지만 제대로 알지 못하면 미혹해지고 많이 알기는 하지만 믿지 못하면 삿되게 된다. 믿음으로 들어가서 지혜로 건너가야 한다.

욕계천왕欲界天王

강의 영상

월천자月天子 이하로는 욕계와 색계의 여러 천중이 나온다. 하늘[天]은 자재自在와 광명光明과 청정淸淨의 뜻이 있다.

『지론智論』에 이르기를 "천天에는 세 종류가 있는데, 첫째는 인천人天, 둘째는 생천生天의 욕계와 색계, 셋째는 정천淨天 불보살佛菩薩의 제일의천第一義天이다."라고 하였다. 이 대목에서는 욕계와 색계의 하늘과 불보살의 하늘을 말한다. 여러 하늘세계에서 수명의 길고 짧음과 몸의 크고 작음과 의복의 가볍고 무거움과 궁전의 수승함과 하열함이 다양함은 『구사론俱舍論』과 『유가론瑜伽論』과 『기세경起世經』 등에서 자세히 설명하고 있다.

29 월천자月天子는 욕계천왕이다. 뜨거운 번뇌를 식히고 보배 빛을 밝게 비춤을 표한다. 보살이 청량한 자비로 생사의 밤을 비추는 것을 뜻한다. 수주水珠가 달빛 아래

에서 저절로 윤기가 흐르고 빛을 발하듯이 청정한 마음
으로 좋은 인연을 만나면 자비가 흐르고 지혜가 생기는
것과 같다. 번뇌가 걷히면 중생의 마음에 보배가 저절로
나타나는 것과 같다.

26 일천자중도리천 日天子衆忉利天

일천자 햇빛이 곡식을 자라나게 하듯이 선근을 성숙시킨다.
도리천왕 일체 세간의 모든 착한 업을 부지런히 일으킨다.

30 일천자日天子는 불의 정기精氣로 뜨겁게도 하며 환하게 비추는 것으로 보살이 지혜로 비추는 것을 표한다. 높은 데 있으면서 낮은 데 있는 중생을 돌보아 줌을 표한다. 곡식을 생장시키고 깨달음의 꽃을 피운다는 것은 선근을 증장하는 것으로「여래출현품」에 나온다.

법의 태양에는 네 가지 뜻이 있다. 첫째, 빗자루로 잡티를 쓸어 내듯이 캄캄한 번뇌를 걷어 내고, 둘째, 태양이 만물을 환하게 비추듯이 모든 일에 지혜로우며, 셋째, 누추한 곳이나 깨끗한 곳이나 분별심 없이 굴러가는 바퀴처럼 얽매임이 없이 청정하게 설법하는 마음이며, 넷째, 위의 세 가지 마음이 서로서로 떠나지 않는 것이다.

31 도리천왕忉利天王은 일체 세간의 모든 착한 업을 부

지런히 일으킨다. 제석천왕이라 하며 도리천에 있으면서 큰 복업을 갖추고 소욕정거少欲淨居한다. 수미산의 사면四面에 각각 팔대八大 천왕이 있고 제석천이 그 가운데 있으므로 삼십삼천三十三天이라고 한다.

제석천은 갖추어 말하면 석가제환인다라釋迦提桓因陀羅이다. 석가釋迦는 능能이며, 제환提桓은 천天이며, 인다라因陀羅는 왕王이다. 땅의 가장 높은 꼭대기 하늘에서 사방을 다스린다는 뜻이다.

광대업廣大業을 일으킨다는 것은 보현행을 닦게 하는 것이다. 비록 수승한 일이 많지만 오히려 아수라와 대적함을 두려워한다. 선을 닦는 자가 많으면 천려天侶가 늘어나며, 악을 행하는 자가 많으면 제천諸天이 감소한다.

27 야마천왕도솔천夜摩天王兜率天

야마천왕 무수한 선근을 닦으면서 언제나 즐겁고 만족한다.
도솔타천왕 제불이 상생上生하는 곳이라 염불삼매를 닦는다.

32 야마천왕夜摩天王은 무수한 선근을 닦으면서 언제나 즐겁고 만족한다. 밤낮이 항상 밝음[晝夜常明]은 대지大智를 뜻하고, 여러 공덕의 아름다운 즐거움[衆德妙樂]은 법락法樂을 표한다.

야마천夜摩天은 수야마천須夜摩天이라고 하는데 수須는 선善이라 하고 묘妙라고도 한다. 야마夜摩는 시時다. 갖추어 말하면 선시분천善時分天이다. 『대집경大集經』에서 이 하늘은 연꽃이 피고 오므리는 것을 보고 밤낮을 구분한다고 하였다. 또 이르기를 붉은 연꽃이 피면 낮이고, 흰 연꽃이 피면 밤이 되므로 시분時分이라고 하였다. 또한 논에 이르기를 이렇게 때의 구별을 따라서 즐거움을 받는 것이 다르므로 시분천時分天이라고 하였다.

33 도솔타천왕兜率陀天王은 도솔천왕이며 희족喜足이다. 논에 이르기를 후신보살後身菩薩이 그 교화에 다분히 환희롭고 만족한 행을 닦기 때문에 조그만 일에도 뜻이 기쁨을 따르며 더는 다른 것을 구하지 아니하고 만족함을 안다고 하였다.

모든 부처님이 상생上生하는 곳이라 염불삼매를 부지런히 닦는다. 계정혜戒定慧를 원만하게 갖추면 도솔천에 태어난다. 모든 여래는 동일한 법계에 체덕體德이 균일하고, 염念하여 또렷이 기억하면 지혜가 더욱 늘어나며, 지니고 잊지 아니하면 끊어짐이 없다. 그렇게 부처님을 경계로 삼는다면 어찌 바깥 경계에 미혹할 수 있겠는가.

만족할 줄 모르는 사람은 절대로 회향할 수가 없다. 위로 향하여 회향하는 것을 상구보리上求菩提라 하고, 아래로 향하여 회향하는 마음을 하화중생下化衆生이라고 한다.

28 화락천왕타화천 化樂天王他化天

화락천왕 자기 변화를 즐기며 남을 침범하지 아니한다.
타화자재천왕 광대한 법문으로 중생을 성숙시켜 자재한다.

34 화락천왕化樂天王은 자기 변화를 즐기며 남을 범하지
않고 화리일체化利一切로써 스스로 즐거움으로 삼는다.
여러 가지 오락 기구를 만들어 스스로 변화를 즐기면서
도 남을 침범하지 않는 까닭으로 선화善化라고 한다.

변變은 전변轉變이며, 거친 것을 아름답고 곱게 바꾸는
것이고, 화化는 화현化現이며, 없던 것이 홀연히 나타나는
것을 말한다. 세간의 변화를 잘 이겨내고 얽매임 없는 해
탈이 화락천왕의 덕이다.

35 **타화자재천왕**他化自在天王은 자재한 방편을 수습하여 광
대한 법문으로 중생을 교화하는 화타化他로 자락自樂을 삼는
다. 타인에게 오락 도구를 만들게 하고 스스로 즐기며 자유
자재함을 나타내는 까닭에 타화자재천왕이라고 이름한다.

육근六根에 조동躁動이 없으므로 적정寂靜이라고 한다. 육근은 빛과 소리와 맛과 향 등이 출입하는 문이다. 그러한 경계에 취착이 없으면 비로소 경계가 공한 것을 볼 수 있기 때문에 문이라고 한다.

그러므로 『앙굴경央掘經』에 이르기를, 분명하게 알고 문으로 들어오면 더 없애고 닦을 것[減修]이 없음을 갖추었다고 하였다. 물아物我에 자재하여 넓고 큰 법문으로 그 덕을 삼는다.

대지혜大智慧가 있으면 자유자재하며, 훌륭한 안목의 실마리를 챙겨서 부지런하게 진리를 말한다. 어리석은 사람을 잘 보살피고 늘 고요한 마음으로 주변을 조화롭게 한다. 형형색색의 꽃이 어우러진 삶, 하늘의 별처럼 반짝이는 삶이 된다.

색계천왕色界天王

강의 영상

29 대범천왕광음천大梵天王光音天

대범천왕 연민심으로 중생에게 광명을 비추어 기쁘게 한다.
광음천왕 심오하고 고요하며 무장애 법문에 머무른다.

36 대범천大梵天은 초선初禪으로 중생을 자애롭게 여기며 광명을 널리 비추어 쾌락을 얻게 한다. 욕심을 버리고 깨끗하다. 대범천왕중大梵天王衆은 욕심을 여의고 고요하므로 범梵이라고 한다. 갖추어 말하면 범마梵摩이며, 청결적정淸潔寂靜이다. 오염된 욕심을 떠났으므로 청결이라하고 근본정根本定을 얻었기 때문에 적정寂靜이라고 한다.

본래 자비로운 마음을 닦아서 범세梵世에 태어나는 것을 얻고, 탐진치가 이어지지만 도리어 중생을 애민哀愍히 여긴다. 법륜을 굴리는 것을 즐겨 청하므로 지광智光으로 중생을 비춘다. 탁한 행을 하지 않으므로 몸에서 빛이 나

101

고 그 빛을 만나면 몸과 마음에 환희로움이 생긴다.

  37 광음천光音天은 제이선第二禪으로 근심을 점점 여의
게 되므로 말을 할 때 입에서 맑은 빛이 나오기 때문에
광음천이라 이름한다. 심사尋伺가 없으며 언어도 없다.
또 극광정極光淨이라고도 하는데 맑은 빛으로 자타自他를
두루 비추는 까닭이다. 정생희락定生喜樂은 바깥 경계를
분별하는 것을 여의었으므로 고요함에 머무르는 덕이
있다.

30 변정천왕광과천遍淨天王廣果天

변정천왕 청정한 몸과 마음으로 세상에 이익을 준다.
광과천왕 가장 고요한 법을 궁전으로 삼아서 편안히 머문다.

38 변정천遍淨天은 삼선三禪으로 근심과 고뇌가 없고 오직 선열禪悅만 있다. 변정천遍淨天은 환희로움마저 떠나서 몸과 마음이 두루 청정한 까닭에 변정천이라 이름한다. 몸과 마음이 청정하다고 하지만 그래도 광대하다고 할 수 없는 것이다. 물아物我가 일체가 되어서 세간을 널리 이롭게 한다면 비로소 광대함이 된다고 말할 수 있다.

39 광과천廣果天은 사선四禪으로, 적정법寂靜法으로 삶의 궁전宮殿을 삼는다. 복덕이 광대하므로 광과천廣果天이라고 한다. 선과善果를 이생異生한 것이 가장 넓은 까닭으로 가진 공덕이 대범천, 광음천, 변정천보다 수승하다. 이 하늘의 덕은 삼재팔난三災八難의 환란을 여의어서 세간에서 가장 고요하다. 이 대목에서는 실제의 지혜로써 본적本寂의 궁전에 머무르는 것을 말한다.

31 대자재왕불가설大自在王不可說

대자재천왕 무상無相을 잘 살펴서 행하는 바가 평등하다.

40 대자재천왕大自在天王은 범어로는 Maheśvara, 음역하여 마혜수라摩醯首羅이다. 삼천대천에서 가장 자재하므로 "대자재천은 팔비삼목八臂三目이 있다. 백우白牛를 타고 백불白拂을 들었으며, 일념一念 사이에 능히 대천세계大千世界의 빗방울을 다 안다."라고 하였다. 무상법無相法을 살펴서 평등한 마음으로 십지를 수행하여 무상지無相智를 완성한다.

다섯 정거천淨居天을 지나 십주보살十住菩薩이 머무는 곳의 이름도 정거淨居이며, 대자재천왕大自在天王이라고 한다. 위의 열 부류의 천중天衆으로 십지十地의 법을 나타내는 것은 삼현三賢으로부터 십성十聖에 들어가는 도를 더욱 자세히 밝히고자 함이며, 그러한 까닭으로 천天이라고 표현하였다.

이 대목에서는 『법화경』에서와 마찬가지로 무색계천의 천중이 나오지 않는다. 무색계천無色界天은 색온色蘊이 없어서 볼 수 없기 때문이다.

설법의식 법주 이름

설법의식說法儀式

「화엄경약찬게」의 32행부터는 7처 9회 설법주의 이름을 열거한다. 의식이란 존중의 의미를 가지고 있다. 예의와 격식을 갖춘다는 말이다. 장엄한 법회를 하는데 사소한 형식이 아니라 거룩한 설법의식이 준비되어야 한다.

각 회마다 부처님은 입과 미간과 발과 무릎 등 각각 다른 부위에서 방광을 하시고, 설법주說法主는 반드시 삼매에 들어서 몸과 말과 뜻의 삼업에 가피를 받고[入定受加], 삼매에서 깨어나서는 부처님의 위신력을 받들어 법주로서 법을 설한다[起定說法].

삼매에 들어간다는 것은 이 법이 사량분별思量分別로 설하거나 들을 수 있는 바가 아니기 때문이다. 삼매에 들어가면 반드시 무수한 부처님으로부터 신구의身口意 삼업의 가피를 받는다. 가피를 받는다는 것은 부처님이 증명한다는 뜻이 있으며 법을 설하는 법주에게 공경심을 부

여하고자 하는 것이다. 방광은 설법하는 것이 마치 빛을 비추는 것과 같다는 뜻이며, 삼매는 법문을 담을 균형 잡힌 마음의 그릇을 뜻한다.

각 회차 설법주의 이름

강의 영상

32 보현문수대보살普賢文殊大菩薩

제1회는 아란야법보리장 설법이다. 설법주는 **보현보살**이다. 「여래현상품」에서 세존이 제일 먼저 면문面門 치아 사이에서 중보화변조광명衆寶華徧照光明 등 열 가지 이름의 광명을 방출한다. 또 세존은 미간에서 일체보살지광명보조요시방장광명一切菩薩智光明普照耀十方藏光明을 방출한다. 그 광명은 불사를 마치고 부처님 오른쪽으로 돌아서 양쪽 발바닥으로 들어간다. 오른쪽으로 돈다는 것은 공경과 존중을 뜻한다.

「여래현상품」의 방광에 이어서 「보현삼매품」에서 설법주 **보현보살**이 비로자나일체제불여래장신삼매毘盧遮那一切諸佛如來藏身三昧에 들어가 시방 일체제불一切諸佛의 가피를 받고, 여래의 의보依報와 정보正報를 답하는 과법문果法門을 설한다. 제1회에 나오는 열 명의 보살 이름에서 보普

자는 광대무변한 본래 심성의 무한한 작용이 언제 어디에서나 안팎을 초월하여 가득함을 의미한다.

제2회는 세 번의 보광명전 설법 중에 첫 번째 설법이다. 설법주는 **문수보살**이다. 「광명각품」에서 세존이 양 발바닥에서 백억 광명을 방출한다. 발바닥은 딛고 서는 근본이 되므로 신심信心을 뜻한다.

범부위凡夫位이므로 전체 9회 설법 중에서 유일하게 설법주의 삼매가 없다. 그러나 제2회 끝부분에 나오는 「현수품」에서 아주 중요한 해인삼매海印三昧와 화엄삼매華嚴三昧를 언급한다. 십신법문을 설하는데 수首 자 돌림의 보살들이 나온다. 그 의미는 머리는 뿌리와 같은 뜻으로 근본을 표하며 제2회 설법주 문수보살을 묘수妙首라고 말하기도 한다.

33 법혜공덕금강당法慧功德金剛幢

제3회는 도리천 설법이다. 설법주는 **법혜보살**이다. 도리천은 수미산 꼭대기에 있는 삼십삼천이다. 도리를 알아야 진리가 이해된다는 뜻이다. 「수미정상게찬품」에서 세존이 양 발가락에서 백천억 묘색 광명을 방출한다. 발가락은 지탱하는 힘이므로 이해력을 뜻한다.

설법주 **법혜보살**은 「십주품」에서 선방편삼매善方便三昧에 들어가 일천 불찰미진수세계의 법혜불에게 가피를 받고 십주법문을 설하는데 혜慧 자 돌림의 보살들이 나온다. 그 의미는 지혜가 있어야 이해할 수 있다는 것을 표한다.

제4회는 야마천 설법이다. 설법주는 **공덕림보살**이다. 야마천은 시분천時分天으로 때를 잘 맞춘다는 뜻이다. 「야마천궁게찬품」에서 세존이 양 발등에서 백천억 묘색妙色 광명을 방출한다. 발등은 움직여 걷는 역할을 하므로 곧 실천하는 행을 뜻한다.

설법주 **공덕림보살**은 「십행품」에서 선사유삼매善思惟三昧에 들어가 일만 불찰미진수세계의 공덕림불에게 가피를 받고 십행법문을 설하는데 림林 자 돌림의 보살들이 나온다. 그 의미는 쉬지 않고 매일매일 자라나는 숲처럼 바라밀 수행을 실천하는 것을 표한다.

제5회는 도솔천 설법이다. 설법주는 **금강당보살**이다. 도솔천은 지족천知足天이라 하며 희족천喜足天이라고도 한다. 「도솔천궁게찬품」에서 세존이 양 무릎에서 백천억 나유타 광명을 방출한다. 무릎은 굴신작용을 하므로 곧 회향을 뜻하는데 만족할 줄 아는 사람이라야 회향할 수 있다.

설법주 **금강당보살**은 지광삼매智光三昧에 들어가서 십만 불찰미진수세계의 금강당불에게 가피를 받고 십회향법문을 설하는데 당幢 자 돌림의 보살들이 나온다. 그 의미는 태양처럼 우뚝하게 높이 솟아야 널리 널리 도울 수 있음을 표한다. 회향이란 이불을 덮어쓰고 만세 부르는 게 아니다.

34 금강장급금강혜金剛藏及金剛慧

제6회는 타화자재천 설법이다. 설법주는 **금강장보살**
이다. 「십지품」에서는 세존이 미간백호상에서 보살력염
명菩薩力焰明을 방출한다. 미간백호상은 일승一乘의 중도
를 표한다.

「십지품」에서 **금강장보살**金剛藏菩薩이 대지광삼매大智光
三昧에 들어 십억 불찰미진수세계의 금강장불金剛藏佛에
게 가피를 받고 십지법문을 설하는데 장藏 자 돌림의 보
살들이 나온다. 그 의미는 보배를 가득 채운 튼튼한 금고
와 같은 성인聖人의 수행을 표한다.

제7회는 보광명전에서 두 번째 설법이다. 설법주는 **세
존과 보현보살**이다. 금강혜는 설법주가 아니고 앞에 나
오는 보살 이름이다. 「여래출현품」에서 세존이 먼저 미
간의 여래출현광명如來出現光明을 방출하고 그 광명은 다
시 여래성기묘덕보살如來性起妙德菩薩 정수리로 들어간다.

다시 한 번 더 세존이 입속에서 방출한 무애무외대광명無礙無畏大光明이 일을 마치고 다시 보현보살의 입속으로 들어간다. 여래성품에서 훌륭한 공덕을 지닌 묘덕妙德은 문수보살의 근본지과根本智果를 나타내고, 보현보살은 차별지용差別智用을 나타낸다. 여래가 입에서 방광한다는 것은 부처님의 말씀은 빛처럼 어둠을 걷어 내는 것을 표한다.

「십정품」에서 **세존**은 찰나제삼매刹那際三昧에 들어간다. 찰나제삼매는 찰나만큼의 빈틈도 없기에 번뇌가 범접할 수 없는 경지를 의미한다. 제7회에서는 등각等覺과 묘각妙覺 법문을 설하는데 분별심이 없어야만 많은 중생을 널리 거두어 줄 수가 있음을 표한다.

제8회는 보광명전에서 세 번째 설법이다. 설법주는 **보현보살**이다. 보광명이라고 하는 의미는 마음의 본래면목本來面目을 뜻한다.

제8회에서는 「이세간품」한 품만 설하는데 부처님의

방광이 없다. 하지만 앞의 제7회 설법에서 부처님의 방광을 보현보살이 입으로 수기授記를 받았으므로 보현행원을 설법하는 자체가 그대로 진리의 방광이 된다.

「이세간품」에서 **보현보살**은 불화장엄삼매佛華莊嚴三昧에 들어가서 제불諸佛의 가피를 받는다. 보현보살이 삼매에서 나와서 기세간器世間과 지정각세간智正覺世間과 중생세간衆生世間의 원융을 설명한다.

이어서 **보혜보살**普慧菩薩이 '구름이 일어나듯 2백 가지 질문[雲興二百問]'을 하고, 보현보살이 '양동이 물을 쏟아붓듯이 2천 가지 답[瓶瀉二千答]'으로 삼현三賢과 십성十聖의 수행과 결과를 설한다.

일반 유통본 「화엄경약찬게」에서는 제7회와 제8회 설법주가 누락되어 있으나 「화엄경광약찬게」에는 있다. 제7회 제2차 보광명전 설법주는 세존과 보현보살이며, 제8회 제3차 보광명전 이세간품의 설법주는 보현보살이다. 금강혜는 단지 제7회 십정품 맨 처음에 등장하는 보살이며 설법주가 아니다.

보현보살문슈스　普賢菩薩文殊師
법혜보살공덕림　法慧菩薩功德林
금강당여금강장　金剛幢與金剛藏
보현보살보현스　普賢菩薩普賢士
「화엄경광약찬게」

입법계품 대중이름

근본법회 서다림 대중

강의 영상

35 광염당급수미당光焰幢及須彌幢
36 대덕성문사리자大德聲聞舍利子

제9회 근본법회는 실라벌국 서다림 급고독원의 대장
엄누각大莊嚴樓閣에서의 설법이다.

「입법계품」에서 세존께서 실라벌국 서다림 급고독원
의 대장엄누각에 계실 때, **보현보살**과 **문수보살**이 상수
上首가 되고 광염당, 수미당 등 5백 명의 보살과 또 5백
명의 성문과 한량없는 세주世主들이 함께했다. 세존께서
대중의 생각을 아시고 대자비로 사자빈신삼매師子頻申三
昧에 드시니 모든 세간이 깨끗이 장엄되고 홀연히 대장
엄누각과 서다림이 끝없이 넓어지고 새로운 대중이 시
방에서 모여들었다.

보현보살이 그 삼매의 위신력을 설하였으며, 삼매로

여래의 자유자재하신 신통한 힘과 보살대중의 모임과 서다림이 모든 청정한 세계에 두루 하였다. 하지만 사리불과 목건련과 수보리 등 성문들은 선근이 미약하고 지혜의 안목이 없어서, 그릇이 아닌 탓에 볼 수가 없었다.

이때 세존께서 모든 보살을 여래의 사자빈신삼매에 들게 하시려고 미간의 백호상으로부터 큰 광명을 놓으니, 광명의 이름은 보조삼세법계문普照三世法界門이었다. 문수사리보살이 부처님의 신력을 받들어 이 서다림 속의 여러 신통하고 변화한 일을 거듭 펴려고 시방을 관찰하고 게송을 말하였다.

사자빈신삼매의 빈신頻申은 한문이 아니라 인도말이다. 자유자재하며 두려움이 없음을 뜻한다. 비유하면 야생동물의 왕 사자가 다른 도움이 없어도 어느 곳에서나 스스로 당당한 것에 비유하였다. 당당하다는 것은 세속적 탐욕의 부유함을 따르기보다는 무소유의 고결한 삶을 영위하는 것이다. 실제 세속의 저잣거리를 떠돌더라도 부딪치는 환경에 마음이 흔들림이 없으면 세간법이

그대로 출세간법이 된다. 출세간법이 따로 있는 것이 절
대 아니다. 그것이 사자빈신삼매의 뜻이며 제대로 법계
에 들어가는 것이다.

　서다림에 있는 모든 보살이 중생을 위하여 여러 가지
분신分身을 나타내 보이고 중생의 마음에 좋아함을 따라
서 그들의 처소에 나아가서 이익을 얻도록 하였다. 하지
만 일체중생을 교화하여 성취하면서도 이 서다림 여래
의 처소를 떠나지 아니하였다.

지말법회 사라림 대중

강의 영상

37 급여비구해각등及與比丘海覺等
38 우바새장우바이優婆塞長優婆夷
39 선재동자동남녀善財童子童男女
40 기수무량불가설其數無量不可說

문수사리보살이 선주누각善住樓閣으로부터 나와서 함께 수행하는 한량없는 보살들과 세주들과 함께 남쪽으로 향했다. 그때 사리불은 문수보살이 서다림에서 나와 남쪽으로 인간 세상을 향하여 가는 것을 보고 함께 가려 하였다.

사리불과 함께 있던 출가한 지 오래지 않은 해각비구 등 6천 비구들도 처소를 떠나기를 세존께 여쭈어 보니 허락하시므로 사리불에게 간청하여 문수사리에게로 갔다. 사리불이 문수보살에게 비구들이 뵙고자 한다고 여쭈니 문수사리동자는 한량없는 자재한 보살에게 둘러싸

여서 그 대중과 함께 코끼리가 한 번 돌듯이 비구들을 바라보았다.

법을 청하므로 문수보살이 대승大乘에 나아가는 열 가지 법을 설하고 비구들에게 보현행에 머물도록 하였다. 모두 문수사리의 발밑을 떠나지 않고서 시방의 모든 부처님 계신 데서 몸을 나타내어 모든 부처님 법을 구족하게 성취하였다.

문수보살이 비구들에게 아뇩다라삼먁삼보리심을 내게 하고는, 점점 남방으로 가면서 인간 세상을 지나다가 옛 부처님들이 계시던 복성福城의 동쪽 대탑이 있던 장엄당 사라림娑羅林에 머물렀다.

이곳에서 〈법계보조경法界普照經〉을 말씀하시니 한량없는 용龍들이 곧 불도를 구하기 위하여 몸을 버리고 천상과 인간에 태어나서 보리심을 내었다. 또 한량없는 중생을 삼승三乘의 길에서 조복하였다.

문수사리보살이 왔다는 소문이 나자 각 5백 명의 우바
새와 우바이, 동자와 동녀와 그 밖에도 복성 사람들이 다
모여들어서 헤아릴 수 없는 대중이 법을 들었다. 문수보
살이 선재동자의 인연을 살피고 선재동자를 위하여 법
을 설해 주니 선재동자가 발심하였다.

지말법회 예참 53선지식

강의 영상

41 선재동자선지식善財童子善知識

처음 문수사리보살에게 십신十信을 성취하고, 덕운비구로부터 석녀구파에 이르기까지 삼현三賢과 십성十聖을 차례대로 성취하며, 마야부인 이후에는 등각等覺을 성취하고, 미륵보살 이후에는 수행을 원만히 이루어서 모든 방편이 보현보살의 작은 모공毛孔을 벗어나지 않음을 비로소 깨달아 알게 된다.

53선지식 : 지말법회枝末法會에서 선재동자가 선지식을 55번 만나지만 문수사리보살과 문수보살이 동일한 인물이며, 그리고 덕생동자와 유덕동녀가 두 사람이긴 하지만 법문의 내용이 같으므로 둘을 한 사람으로 간주하기 때문에 53선지식이라고 하는 것이다.

53선지식 20부류

보살菩薩 5명	文殊菩薩, 觀自在菩薩, 正趣菩薩, 彌勒菩薩, 普賢菩薩
비구比丘 5명	德雲比丘, 海雲比丘, 善住比丘, 海幢比丘, 善見比丘
비구니比丘尼 1명	師子頻申比丘尼
우바새優婆塞 1명	明智居士
우바이優婆夷 5명	休捨優婆夷, 具足優婆夷, 不動優婆夷, 婆須蜜多女, 賢勝優婆夷
동남童男 3명	自在主童子, 善知衆藝童子, 德生童子
동녀童女 2명	慈行童女, 有德童女
천天 1명	大天神
천녀天女 1명	天主光天女
외도外道 1명	遍行外道
바라문婆羅門 2명	勝熱婆羅門, 最寂靜婆羅門
장자長者 9명	彌伽長者, 解脫長者, 法寶髻長者, 優鉢羅華長者, 無上勝長者, 鞞瑟胝羅長者, 堅固解脫長者, 妙月長者, 無勝軍長者
선생先生 1명	遍友童子師
의사醫師 1명	普眼長者 『80권 화엄경』 ※ 彌伽長者 『60권 화엄경』
선사船師 1명	婆施羅船師
국왕國王 2명	無厭足王, 大光王
선인仙人 1명	毘目瞿沙仙人
불모佛母 1명	摩耶夫人
불비佛妃 1명	釋迦瞿波女
제신諸神 10명	安住地神, 婆珊婆演底主夜神, 普德淨光主夜神, 喜目觀察主夜神, 普救衆生妙德主夜神, 寂靜音海主夜神, 守護一切城增長威力主夜神, 開敷一切樹華主夜神, 大願精進力救護一切衆生主夜神, 妙德圓滿嵐毘尼林神

덕생동자와 유덕동녀는 장소와 법문이 같은 선지식이므로 1명으로 간주한다.

십주十住 선지식

參	善知識	處所	法門
1	德雲比丘	勝樂國妙峰山	憶念一切諸佛境界智慧光明普見法門
2	海雲比丘	海門國	諸佛菩薩行光明普眼法門
3	善住比丘	楞伽道邊海岸聚落	普速疾供養諸佛成就衆生無礙解脫 法門
4	彌伽長者	達里鼻茶國自在城	菩薩妙音陀羅尼光明法門
5	解脫長者	住林城	如來無礙莊嚴解脫法門
6	海幢比丘	閻浮提畔摩利伽羅國	般若波羅蜜三昧光明
7	休捨優婆夷	海潮處普莊嚴園	離憂安隱幢解脫法門
8	毘目瞿沙仙人	那羅素國	菩薩無勝幢解脫門
9	勝熱婆羅門	伊沙那聚落	菩薩無盡輪解脫
10	慈行童女	師子奮迅城	般若波羅蜜普莊嚴法門

십행+行 선지식

參	善知識	處所	法門
11	善見比丘	三眼國	菩薩隨順燈解脫法門
12	自在主童子	名聞國河渚	一切工巧大神通智光明法門
13	具足優婆夷	海住大城	菩薩無盡福德藏解脫法門
14	明智居士	大興城	隨意出生福德藏解脫法門
15	法寶髻長者	師子大城	菩薩無量福德寶藏解脫法門
16	普眼長者	藤根國普門城	令一切衆生普見諸佛歡喜法門
17	無厭足王	多羅幢城	菩薩如幻解脫
18	大光王	妙光城	菩薩大慈爲首隨順世間三昧法門
19	不動優婆夷	安住城	求一切法無厭足三昧光明
20	徧行外道	都薩羅城	至一切處菩薩行

십회향+廻向 **선지식**

參	善知識	處所	法門
21	優鉢羅華香長者	廣大國	調和一切香法
22	婆施羅船師	樓閣大城	大悲幢行
23	無上勝長者	可樂城	至一切處修菩薩行淸淨法門
24	師子頻申比丘尼	輸那國迦陵迦林城	成就一切智解脫
25	婆須蜜多女	險難國寶莊嚴城	菩薩離貪際解脫
26	鞞瑟胝羅居士	善度城	菩薩所得不般涅槃際解脫
27	觀自在菩薩	補怛洛迦山	大悲行法門
28	正趣菩薩	觀自在菩薩處	菩薩普門速疾行解脫
29	大天神	墮羅鉢底城	菩薩雲網解脫
30	安住地神	摩竭提國菩提場	不可壞智慧藏法門

십지+地 선지식

參	善知識	處所	法門
31	婆珊婆演底主夜神	摩竭提國迦毘羅城	菩薩破一切衆生暗法光明解脫法門
32	普德淨光主夜神	摩竭提國菩提場	菩薩寂靜禪定樂普遊步解脫法門
33	喜目觀察衆生主夜神	菩提場右邊	大勢力普喜幢解脫法門
34	普救衆生妙德主夜神	如來會中	普現一切世間調伏衆生解脫法門
35	寂靜音海主夜神	於會中	念念出生廣大喜莊嚴解脫法門
36	守護一切城增長威力主夜神	菩提場如來會中	甚深自在妙音解脫法門
37	開敷一切樹華主夜神	菩提場如來會中	出生廣大光明解脫法門
38	大願精進力救護一切衆生主夜神	菩提場如來會中	出生廣大光明解脫法門
39	妙德圓滿嵐毘尼林神	嵐毘尼園	菩薩於無量劫遍一切處示現受生自在解脫法門
40	釋迦瞿波女	迦毘羅城	觀察菩薩三昧海解脫法門

등각等覺 선지식

參	善知識	處所	法門
41	佛母摩耶夫人	大寶蓮華座上	菩薩大願智幻解脫法門
42	王女天主光	往天宮	無礙念清淨莊嚴解脫
43	遍友童子師	迦毘羅城	別無指示
44	善知衆藝童子	迦毘羅城	四十二字母法門
45	賢勝優婆夷	摩竭提國婆怛那城	無依處道場解脫法門
46	堅固解脫長者	沃田城	無著念清淨莊嚴解脫
47	妙月長者	沃田城	淨智光明解脫法門
48	無勝軍長者	出生城	菩薩無盡相解脫
49	最寂靜婆羅門	城南法聚落	菩薩誠願語解脫
50	德生童子 有德童女	妙意華門城	菩薩幻住解脫

성만成滿 선지식

參	善知識	處所	法門
51	彌勒菩薩	海岸國大莊嚴園 毘盧遮那莊嚴藏 樓閣	以文殊師利心念力故　衆華纓絡　種種妙寶　不覺忽然　自盈其手　善財歡喜　即以奉散　彌勒菩薩摩訶薩上　時彌勒菩薩摩善財頂　爲說頌言 善哉善哉真佛子 普策諸根無懈倦 不久當具諸功德 猶如文殊及與我
52	文殊菩薩	普門國蘇摩那城	文殊師利　遙伸右手　過一百一十由旬　按善財頂　爲其解說妙法　令得成就阿僧祇法門　具足無量大光明　復令入普賢行道場　於是　善財渴仰　欲參普賢菩薩
53	普賢菩薩	如來前衆會之中	見普賢菩薩　坐寶蓮華師子之座　身上諸毛孔　出光明雲　普賢菩薩　即伸右手　摩觸其頂　爲其解說諸法　善財即得一切佛刹微塵數三昧門

133

십신十信 선지식

42 문수사리최제일文殊師利最第一

문수사리보살 처음에 문수보살은 초발심 행자가 보살행에 신심이
하열하므로 근본지를 의지해서 발심하게 한다.

그때 문수사리보살이 선재동자를 위하여 보현의 행行
을 게송으로 말하고, 다시 선재동자에게 말하였다.

"그대가 이미 아뇩다라삼먁삼보리심을 내고 보살의 행
을 구하는구나. 착하다, 선남자여. 아뇩다라삼먁삼보리
심을 내는 것이 매우 어려운 일이거니와 마음을 내고 또
보살의 행을 구하는 것은 더욱 어려운 일이니라.

온갖 지혜의 지혜를 성취하려거든 반드시 선지식을 찾
아야 하느니라. 선지식을 찾는 일에 고달프고 게으른 생
각을 내지 말고, 선지식을 보고 싫어하는 마음을 내지 말

고, 선지식의 가르치는 말씀은 그대로 순종하고, 선지식
의 교묘한 방편에 허물을 보지 마라.

여기서 남쪽으로 가면 승락勝樂이라는 나라가 있고 그
나라에 묘봉妙峯이란 산이 있고, 그 산중에 비구가 있으
니 이름은 덕운德雲이라 하느니라. 그대는 그이에게 가서
묻기를 '보살이 어떻게 보살의 행을 배우며, 보살이 어떻
게 보살의 행을 닦으며, 내지 보살이 어떻게 보현의 행을
빨리 원만케 하느냐?' 하라. 그 덕운비구는 자세히 말하
여 주리라.”

선재동자에게 가리켜 준 남쪽의 승락국勝樂國 묘봉산은
양명陽明하고 즐거움이 넘치는 이상향理想鄕이다. 양陽은
자비를, 명明은 지혜를 뜻한다.

십주十住 선지식 [1]

43 덕운해운선주승德雲海雲善住僧

덕운비구 염불문을 의지하여 지혜로써 일체 법을 꿰뚫다.
해운비구 깊은 바다에 가득한 보물의 이치를 잘 성취한다.
선주비구 지혜와 신통으로 무애자재하게 중생을 제도한다.

선재동자는 처음 묘봉산妙峰山에 이르러 덕운비구를 친견하였다. 사방팔방으로 이레 동안 샅샅이 찾았지만 찾지 못하다가 문득 다른 산봉우리 위에서 덕운비구가 천천히 거니는 모습을 발견하고, 엎드려 예를 올리고 법문을 들은 후 부처님의 경계에 들어갔다. 모든 부처님의 경계를 생각하여 지혜광명으로 두루 보는 법문[憶念諸佛普見法門]을 얻었으며, 처음으로 신심을 성취한 초발심주初發心住를 증득하였다.

1 **덕운비구**德雲比丘는 제1 초발심주의 선지식으로 바른

믿음으로부터 선정禪定으로 나아가야 바른 이치를 알게 되어서 진여真如에 계합할 수 있음을 표한다. 산山은 선정의 바탕[定體]을 뜻하고, 비구는 진여의 바탕[真體]을 뜻하며, 덕운德雲은 법우法雨를 내리는 출세간의 이행利行을 뜻한다.

승낙勝樂이란 덕운비구가 의지하는 초발심주가 이전에 범부의 신심보다 수승한 즐거움이 있다는 뜻이다. 묘봉산妙峰山이란 두 가지 뜻이 있다. 첫째, 적정부동寂靜不動이며, 둘째, 고출주람高出周覽이다. 발심주發心住에서 선정과 지혜를 얻고 경계에 부동하며[寂靜不動], 높은 견해로 근원을 꿰뚫어 만류를 굽어보는[高出周覽], 산의 뜻을 살렸다. 또한 마음의 꼭대기에 올라 곧 정각을 이루는 까닭으로 묘봉산妙峰山이라고 하였다. 덕운德雲은 구름과 같은 공덕에 비유한 말이다. 그 뜻은 무한히 넓은 선정과 윤택하게 해 주는 복덕과 그늘처럼 덮어 주는 자비와 법의 비를 내려 주는 지혜를 나타낸다. 속된 범부의 소견을 처음으로 벗어난 까닭으로 청정한 출가 비구로서 뜻을 표한다.

2 해운海雲은 제2 치지주治地住 선지식으로 관지觀智를 표한다. 보안普眼으로 생사해生死海를 관하여 광대한 지혜의 바다를 이루어 중생이 정법의 윤택함을 입도록 한다.

3 선주善住는 제3 수행주修行住 선지식으로 이미 삼계三界에 미혹과 습기가 다함을 나타내며, 머무를 바가 없음에 머무르기 때문에 선주善住라고 했다. 몸이 허공에 머무른다고 한 것은 일체 법이 허공처럼 처소가 없음을 잘 아는 것을 뜻한다.

또 출가한 지 오래되지 않은 비구比丘는 스승을 의지해야 하므로 맨 앞부분에 세 명의 비구스님을 선지식으로 언급했다. 첫째 덕운비구는 염불念佛로 불보佛寶를, 둘째 해운비구는 문법聞法으로 법보法寶를, 셋째 선주비구는 승수僧修로 승보僧寶를 나타낸다. 불법승 삼보의 훌륭함을 의지할 바로 삼을 것을 의미한다.

십주+住 선지식 [2]

44 미가해탈여해당彌伽解脫與海幢

미가장자 온갖 말을 할 줄 아는 묘음다라니를 성취한다.

해탈장자 여래에 대한 신심으로 장엄한 해탈문을 성취한다.

해당비구 반야바라밀의 청정한 삼매광명 해탈을 성취한다.

4 미가彌伽는 제4 생귀주生貴住 선지식으로 '능복能伏', 능히 조복시킨다는 뜻이다. 진속眞俗의 두 지혜가 완전히 갖추어졌음을 나타내며 사견邪見의 이도異道를 조복시킨다. 미가는 구름[雲]이라는 뜻도 있는데 구름이 비를 머금고 있는 것처럼 법의 비를 품고 있음을 나타낸다.

5 해탈장자解脫長者는 제5 구족방편주具足方便住 선지식으로 현실적 삶의 이치를 깨달아서 진리에 계합하는 진심을 가지고 세속에 살면서 진眞과 속俗에 무애無礙하므로 해탈解脫이라고 한다. 앞의 세 비구比丘는 출세간의 지

혜를 닦고, 미가장자와 해탈장자는 세속의 선지식으로서 세간의 지혜를 닦는 것을 밝힌다.

6 해당비구海幢比丘는 제6 정심주正心住 선지식으로 앞의 두 지혜를 합하여 광대한 바다와 같은 지혜로 중생의 일체 미혹한 업을 없애는 것을 나타낸다. 그래서 온몸에서 방광을 나타낸다고 설하였다.

십주十住 선지식 [3]

45 휴사비목구사선休捨毘目瞿沙仙

휴사우바이 온 세상 중생의 근심을 다 없애기를 서원한다.
비목구사선인 수미산 같은 뜻으로 남들의 기댈 땅이 된다.

7 휴사休捨는 인도말이며 소원을 성취시켜 준다는 만원
滿願의 뜻이다. 제7 불퇴주不退住 선지식으로 몸소 저잣거
리로 들어가는 자비를 실천하여 스스로 본원本願을 원만
하게 하며 중생을 두루 교화한다.

8 비목구사毘目瞿沙는 번역하면 출성가외出聲可畏이며 선
인仙人이다. 제8 동진주童眞住 선지식으로 진속真俗에 막
힘이 없고, 무공용지無功用智의 밝음으로 무애자재한 언
변으로 삿된 외도를 잘 조복 받기 때문에 출성가외出聲可
畏라고 한다.

십주十住 선지식 [4]

46 승열바라자행녀勝熱婆羅慈行女

승열바라문 공덕의 불길로 중생의 잡된 고뇌를 소멸한다.
자행동녀 반야바라밀로 보문다라니문을 환하게 성취한다.

9 승열바라문勝熱婆羅門은 법자재法自在를 증득했음을 표한다. 제9 법왕자주法王子住 선지식으로 외도와 같은 모습을 나타내어 모든 사도邪途의 번뇌를 녹게 하므로 승열勝熱이라고 한다.

10 자행동녀慈行童女는 제10 관정주灌頂住 선지식으로 지혜롭게 자비심을 내어서 물든 곳에 처하더라도 물들지 않는 처염불염處染不染을 표한다. 대비행大悲行을 원만히 체득하여 마음먹은 대로 중생을 이롭게 하며 다시 습기習氣에 오염되지 않는 까닭에 동녀童女라고 이름을 붙였다.

십행十行 선지식 [1]

강의 영상

47 선견자재주동자善見自在主童子

선견비구 선정이 깊어 형편을 따르는 청정한 지혜를 성취한다.
자재주동자 모든 일에 자재한 신통한 지혜의 능력을 갖춘다.

11 삼안국의 **선견비구**善見比丘는 제1 환희행歡喜行 선지식으로 안으로 습기習氣를 다스리고, 밖으로는 이생利生을 실천함을 표한다. 지안智眼으로 근기를 잘 살피고, 법안法眼으로 법을 제대로 알며, 혜안慧眼으로 올바른 결택決擇을 하여, 선견善見으로 보살의 수행문에 들어간다.

12 **자재주동자**自在主童子는 제2 요익행饒益行 선지식으로 참된 지혜를 바탕으로 덕망을 세워서 도덕적으로 어두운 사람을 다스리는 왕도王道에 자재함을 표한다.

143

십행+行 선지식 [2]

48 구족우바명지사具足優婆明智士

구족우바이 작은 그릇 하나로 다 충분하게 음식을 제공한다.
명지거사 여의주 같은 복으로 중생의 소원을 만족시켜 준다.

13 **구족우바이**具足優婆夷는 제3 무위역행無違逆行 선지식으로 지혜를 따라서 자비심을 일으켜 일체 경계에 항상 불사佛事를 구족具足하게 시설施設하는 것을 표한다.

14 **명지거사**明智居士는 제4 무굴요행無屈撓行 선지식으로 자비심으로 세속에 머물면서, 밝고 원융圓融한 세지世智로 꾸준히 중생의 캄캄한 마음을 밝혀 주는 것을 표한다.

십행十行 선지식 [3]

49 법보계장여보안法寶髻長與普眼

법보계장자 모든 곳에 생활필수품을 넉넉하게 베푼다.
보안장자 분별심이 없는 행원行願으로 남들을 기쁘게 한다.

15 **법보계장자**法寶髻長者는 제5 무치란행無癡亂行 선지식
으로 지혜와 자비로 수행이 원만하여 모든 경지를 총섭
하는 것을 표하는데, 마치 머리꼭대기 상투[髻]가 오체五
體를 총괄하는 것과 같다.

16 **보안장자**普眼長者는 제6 선현행善現行 선지식으로 이
수행문에 이르면 세간과 출세간의 법에 통달하지 못한
바가 없음을 표한다. 인연법을 훤히 알아서 적절한 방편
을 잘 쓴다.

145

십행+行 선지식 [4]

50 무염족왕대광왕無厭足王大光王

무염족왕 짐짓 살벌한 방편으로 환술같이 잘 교화한다.

대광왕 인정스럽고 예의 바르게 원하는 것들을 나눠 준다.

17 무염족왕無厭足王은 제7 무착행無着行 선지식으로 갖가지 방편으로 다양한 악업중생을 조복 받아 이롭게 하는 것에 싫어함이 없음을 표한다. 왕의 이름이 무염족無厭足이라는 것은 '환술과 같은 방편[如幻方便]'으로 교화에 집착하는 바가 없으므로 피곤하거나 싫어함이 없다는 뜻이다.

18 대광왕大光王은 제8 난득행難得行 선지식으로 무공용행無功用行의 원만한 지혜로 광대한 변재로 자재하게 교화함을 표한다.

십행十行 선지식 [5]

십
행
十
行
선
지
식

51 부동우바변행외不動優婆徧行外

부동우바이 미워하고 사랑하는 생각 없이 정법을 배운다.
변행외도 삿된 외도의 고집과 견해를 적절하게 조복한다.

19 **부동우바이**不動優婆夷는 제9 선법행善法行 선지식으로 묘행妙行을 성취하여 세간의 오욕五欲과 일체 경계에 마음이 흔들리는 바가 없음을 표한다.

20 **변행외도**遍行外道는 제10 진실행眞實行 선지식으로 순수한 행과 고요한 마음으로 삿된 무리를 교화하기 위하여 그들과 함께 일하는 것을 표한다.

이상 십행十行은 모두 지혜를 의지해서 번뇌를 다스리고 중생을 이롭게 하고자 하는 행이다.

십회향+廻向 선지식 [1]

강의 영상

52 우발라화장자인優鉢羅華長者人

우발라화장자 무아의 지혜로 향을 만들어 악업을 순화한다.

21 우발라화優鉢羅華는 청련화靑蓮華이다. 연꽃이 진흙에 살면서도 물들지 않는 것이 마치 중생을 구호하면서도 중생을 구호한다는 상相을 여읜 것과 마찬가지임을 비유한 것이다. 십회향의 제1 구호일체중생이중생상회향救護一切衆生離衆生相廻向 선지식으로 광대한 원력으로 지혜와 자비를 융화融和하여 법신法身의 향을 성취하여 널리 일체중생에게 그 향기가 스며들게 함을 표한다. 대비大悲가 넓으므로 구호중생救護衆生이라 하며, 대지大智가 분명하므로 이중생상離衆生相이라 한다. 자비와 지혜가 머무름 없는 무주無住를 나타낸다.

십회향十廻向 선지식 [2]

53 바시라선무상승婆施羅船無上勝

바시라선사 바다의 험한 뱃길을 잘 알아서 편히 인도한다.
무상승장자 세상 잡된 일을 끊고 보살행의 신통력을 편다.

22 바시라婆施羅는 자재自在라는 뜻이다. 제2 불괴회향
不壞廻向 선지식으로 불법佛法의 바다에 통달하여 생사의
바다에서 중생을 잘 인도한다. 삼보를 향한 무너지지 않
는 깊은 믿음이 있으므로 바시라[自在]라고 한다. 경험이
많은 자재한 뱃사공처럼 편안함을 주는 것을 표한다.

23 무상승장자無上勝長者는 제3 등일체불회향等一切佛廻向
선지식으로 법을 통달하여 최고의 경지에 이르러서 부
처님과 동등할 정도로 수승하다. 비록 세속에 머물지라
도 그 생멸법에 집착하지 아니하고, 세속 탐욕을 완전히
벗어난 것을 나타내기 때문에 무상승無上勝이라고 한다.

149

십회향十廻向 선지식 [3]

54 사자빈신바수밀師子頻申婆須蜜

사자빈신비구니 여래와 중생에 대해서 분별심을 여읜다.
바수밀다녀 바라만 봐도 탐욕이 사라지는 해탈을 성취한다.

24 사자빈신비구니師子頻申比丘尼는 제4 지일체처회향至
一切處廻向 선지식으로 속세로 들어가지만 진리를 품었기
에 오염되지 않는 자비를 행하면서 언제나 기쁜 마음을
지니며 사자처럼 당당하게 어떤 두려움도 없어서 가지
못할 곳이 없음을 표한다. 비구니比丘尼는 순수하고 청정
한 자비로 골고루 다 챙긴다는 뜻이다.

25 바수밀다婆須蜜多는 번역하면 세우世友라 하며, 천우
天友라고도 한다. 제5 무진공덕장회향無盡功德藏廻向 선지
식으로 물들지 않는 물듦으로 세상과 더불어 살며 인천
人天의 스승과 벗이 되어서 방편으로 교화하는 까닭이다.

십회향十廻向 선지식 [4]

55 비슬지라거사인鞞瑟胝羅居士人

비슬지라거사 혼자만 열반에 들지 않고 중생을 제도한다.

26 비슬지라鞞瑟胝羅는 번역하면 포섭包攝이라고 한다. 제6 수순평등선근회향隨順平等善根廻向 선지식으로 세속에 들어가서 지혜와 자비로 광대한 모든 법문으로 중생을 포섭하여 견고한 선근을 성취함을 표한다.

56 관자재존여정취觀自在尊與正趣

관자재보살 일념에 모든 삼매를 알며 대비심을 행한다.
정취보살 법과 재물을 널리 베풀어 속히 건지고 조복한다.

27 관자재보살觀自在菩薩은 제7 수순등관일체중생회향隨順等觀一切衆生廻向 선지식으로 일체의 선근을 증장하여 모든 중생이 이익을 얻도록 하는 대비大悲를 표한다.

28 정취보살正趣菩薩은 제8 진여상회향眞如相廻向 선지식으로 정지正智를 표한다. 선재동자가 관자재보살을 친견했을 때 정취보살이 스스로 허공으로부터 왔다. 기다리지 않아도 저절로 친견하여 이성二聖이 함께하니 관자재보살의 자비와 정취보살의 지혜가 가지런히 원만함을 나타낸다.

「입법계품」에 나오는 다섯 보살의 법문을 세 대목으로 나눌 때, 두 번째에 해당하는 이 대목은 관자재보살과 정취보살의 대비심을 의지하여 정진해서 점진적인 보살행을 수행할 것을 말한다.

십회향十廻向 선지식 [5]

57 대천안주주지신大天安住主地神

대천신 산더미 같은 칠보와 꽃과 향을 구름처럼 보시한다.
안주지신 모든 아만을 깨뜨리고 편안한 지혜를 성취한다.

29 대천신大天神은 제9 무박무착해탈회향無縛無著解脫廻向 선지식으로 모든 법에 집착함이 없는 해탈한 마음을 얻고 선법善法 회향으로 보현행을 수행함을 표한다. 이치에 맞게 널리 응함으로 대大라고 하고, 지혜가 청정하고 자재하므로 천天이라 하고, 묘용妙用을 헤아리기 어려우므로 신神이라고 한다.

30 안주지신安住地神은 제10 법계무량회향法界無量廻向 선지식으로 자비의 바탕이 대지大地처럼 넓고도 넓어서 만물을 수용하고 길러 주는 것을 표한다. 저절로 감응하며 저절로 가득하므로 신神이라고 한다.

　　이상은 모두 융지동비融智同悲의 광대한 원력의 열 가지
회향법문이다.

십지十地 선지식 [1]

강의 영상

58 바산바연주야신婆珊婆演主夜神

바산바연저주야신 무명을 없애는 법의 광명을 성취한다.

31 바산바연저주야신婆珊婆演底主夜神은 제1 환희지 선지식으로 바라밀행[萬行]을 길러서 중생을 호념하는 까닭이다. 번역하면 바산婆珊은 봄[春]이며, 바연저婆演底는 주당主當이다. 봄에 씨를 뿌리고 모종을 심는 것을 주관한다는 뜻이다. 경經에 이르기를 "보살이 여러 바라밀행을 청정하게 행하면 모든 불법佛法이 따라서 생겨난다."고 하였다. 십지十地의 지위에 주야신主夜神의 이름이 유독 많은 것은 증득한 지혜가 현묘玄妙하여 상相을 여의고 어두운 망상을 없애는 것을 표한다.

십지十地 선지식 [2]

59 보덕정광주야신普德淨光主夜神
60 희목관찰중생신喜目觀察衆生神

보덕정광주야신 선정의 즐거움으로 착한 업을 증장시킨다.
희목관찰중생주야신 십바라밀의 법력으로 다 즐겁게 한다.

32 보덕정광주야신普德淨光主夜神은 제2 이구지離垢地 선지식으로 청정한 지계持戒바라밀을 갖추어 미세하게 일어나는 번뇌의 흐름마저 끊었으므로 깨달음의 자체를 표한다. 역겁歷劫토록 바산바연저주야신의 스승이었다.

33 희목관찰중생주야신喜目觀察衆生主夜神은 제3 발광지發光地 선지식으로 모든 번뇌를 끊어 지혜의 광명이 발현되는 경지를 표한다. 악한 것을 참고 자비로운 눈길로 중생을 바라봄으로 희목喜目이라 하고, 문혜聞慧와 사혜思慧와 수혜修慧를 닦는 까닭으로 관찰觀察이라 한다.

십지十地 선지식 [3]

61 보구중생묘덕신普救衆生妙德神
62 적정음해주야신寂靜音海主夜神

보구중생묘덕주야신 때와 장소를 잘 맞추어서 교화한다.
적정음해주야신 근기를 살펴 메아리가 따르듯이 교화한다.

34 보구중생묘덕주야신普救衆生妙德主夜神은 제4 염혜지焰慧地 선지식으로 불꽃처럼 솟아난 지혜로 번뇌를 없애고 대비심大悲心을 길러서 훌륭한 묘덕을 베푸는 것을 표한다.

35 적정음해주야신寂淨音海主夜神은 제5 난승지難勝地 선지식으로 속지俗智와 진지眞智의 조화를 잘 이루는 출세간의 지혜를 얻어서 자유자재한 방편으로 구하기 어려운 중생을 구하는 바다와 같은 마음을 표한다.

십지十地 선지식 [4]

63 수호일체주야신守護一切主夜神
64 개부수화주야신開敷樹花主夜神

수호일체성주야신 긴 밤 홀로 깨어 마음의 성城을 지킨다.
개부일체수화주야신 번뇌의 숲을 헤치고 맑은 꽃을 피운다.

36 수호일체성주야신守護一切城主夜神은 제6 현전지現前地 선지식으로 무상관無相觀을 현전시켜 만법萬法이 연기緣起로 유전하는 모습을 관찰하고, 항상 중생의 심성心城을 지켜 주며 지혜의 위력을 증장시키는 것을 표한다.

37 개부일체수화주야신開敷一切樹華主夜神은 제7 원행지遠行地 선지식으로 무상관無相觀을 닦아 그 법력으로 중생을 깨닫게 하는 일을 표한다. 마치 꽃을 피우고 열매를 넘치도록 맺게 하는 것과 같다.

십지十地 선지식 [5]

65 대원정진력구호大願精進力救護
66 묘덕원만구바녀妙德圓滿瞿波女

대원정진력주야신 쉼 없는 교화로써 큰 원력을 만족한다.
룸비니림신 곳곳마다 골고루 비추는 태양처럼 원만하다.
석녀구파 일념을 억겁億劫으로 삼아서 만법萬法을 통달한다.

38 대원정진력구호일체중생주야신大願精進力救護一切衆生
主夜神은 제8 부동지不動地 선지식으로 거의 완전한 진여
심眞如心을 얻어 조금도 동요를 일으키지 않는 경지로 무
공용無功用의 지혜가 끊임없이 일어나서 다시는 번뇌에
동요되지 않는 정민精敏한 자리를 표한다.

39 묘덕원만룸비니림신妙德圓滿嵐毘尼林神은 제9 선혜지
善慧地 선지식으로 부처님의 십력十力을 얻어 때와 근기에
따라 알맞게 중생을 교화하는 경지를 터득하여 지혜의

159

작용이 자재한 자리를 표한다.

40 석씨녀구파釋氏女瞿波는 풀이하면 석씨釋氏는 진真이며, 여女는 속俗이라는 뜻이다. 제10 법운지法雲地 선지식으로 허공에 가득한 구름처럼 대법신大法身을 증득해서 진속眞俗에 무애자재無礙自在함을 갖추었음을 표한다.

등각等覺 선지식 [1]

강의 영상

67 마야부인천주광摩耶夫人天主光

마야부인 부처님이 탄생할 적마다 어머니가 되어 준다.

천주광녀 깨끗한 대자비심으로 부처님 신통력을 보여 준다.

41 마야부인摩耶夫人은 제 51지地의 선지식이다. 자비로움이 지극하면 지혜가 드러나고 법계의 본체가 원만함을 이룬다. 지극한 자비로움이 지혜를 일으키는 성불문成佛門이다. 십지十地 이전에는 아직 본지本智를 의지해서 대비大悲를 장양長養하지만 여기 11지地부터는 장양하는 공덕이 끝나고 순수한 대비大悲를 이룬다. 그래서 법계의 본체와 지혜가 원만하게 드러나므로 첫 번째 등각等覺 선지식을 석가모니불의 생모生母 마야부인으로 법을 표한다.

42 천주광天主光은 정념왕正念王의 딸이다. 등각의 잡념이 없는 무념지無念智 가운데 오염되지 않은 자비로 일부

러 조작하지 않는 지혜를 쓰는 무염자비無染慈悲의 무위

조용無爲照用을 표한다.

등각等覺 선지식 [2]

68 변우동자중예각遍友童子衆藝覺

변우동자사 깜깜한 생사의 밤에 잠깐도 혼미하지 않는다.
지중예동자 갖가지 예술과 문자를 지혜롭게 이해한다.

43 변우동자사遍友童子師는 선지중예동자善知衆藝童子의
스승으로 선재동자에게 별다른 법문이 없다. 변우遍友는
여러 사람에게 선우善友가 되는 모범적인 스승[師]을 말
하며, 동자童子는 배우는 사람을 뜻한다. 동자사童子師는
동자들을 가르치는 선생이다. 법문이 없는 것은 다음에
선지중예동자와 법문이 같기 때문이며, 제자를 통해 가
르치는 법의 유통流通과 모든 법문의 근본이 둘이 없음
[無二]을 밝히고자 함이며, 얻을 바 없는 방법을 얻은 까
닭이다.

44 선지중예동자善知衆藝童子는 변우동자사遍友童子師의

법문을 밝히는 것을 도우며 덕예德藝로써 교화를 이루어

찬탄을 표한다.

등각等覺 선지식 [3]

69 현승견고해탈장賢勝堅固解脫長

현승우바이 세간법과 출세간법을 잘 알고 근심이 없다.
견고장자 일체에 집착 없는 견고함으로 비옥한 밭이 된다.

45 현승우바이賢勝優婆夷는 세간의 정사正邪와 길흉吉凶과 의방醫方과 중술衆術을 모두 통달하였다. 그러므로 안물양생安物養生에 모르는 법이 없으며, 행하지 못할 행이 없고 구제하지 못할 중생이 없는, 참으로 광대한 자비를 갖추었다. 그래서 현명하고 수승한 현승賢勝이라고 한다.

46 견고해탈장자堅固解脫長者는 일체의 모든 공덕행功德行에 집착이 없음을 표한다. 공덕을 널리 닦지만 스스로 집착하는 생각이 없기 때문에 견고해탈堅固解脫이라고 한다.

등각等覺 선지식 [4]

70 묘월장자무승군妙月長者無勝軍
71 최적정바라문자最寂靜婆羅門者

묘월장자 미묘한 광명이 있는 집에 머물며 사자후를 한다.
무승군장자 형상이 없음을 깨달아 무진장 복덕을 베푼다.
최적정바라문 변재가 무애하고 진실하여 뜻대로 성취한다.

47 묘월장자妙月長者는 자비와 지혜가 원만하여 세간의 미혹을 없애는 것을 표한다.

48 무승군장자無勝軍長者는 무진상無盡相 해탈을 얻어서 일체의 심경心境을 밝히며 여래의 무진상無盡相을 총괄하고 방편으로 능히 모든 생사번뇌의 삿된 견해를 가진 마군魔軍을 물리침을 표한다.

49 법취락法聚落의 **적정바라문**寂靜婆羅門은 우리가 사는

현실의 온갖 시끄러운 경계가 바로 그대로 참으로 고요
한 법임을 표한다.

등각^{等覺} 선지식 [5]

72 덕생동자유덕녀德生童子有德女

덕생동자 유덕동녀 일체 법이 환술 같은 깨달음을 성취한다.

50 덕생동자德生童子와 **유덕동녀**有德童女는 지혜와 자비가 원만하여 세상에 그림자처럼 머무는 것[幻住]을 표한다. 스스로 이르기를 "우리 두 사람은 보살의 환주해탈[幻住解脫]을 증득했다."고 말하니 등각[十一地]을 마치고 묘각妙覺의 지혜를 증득함을 밝힌다. 심경心境을 환하게 깨달아서 티끌마저 없고 청정한 법계에 오직 하나의 진지真智이므로 지혜롭게 마음을 쓰는 까닭으로 일체를 환幻으로 출생한다. 부처님의 경계와 중생의 경계에 모두 지혜를 의지해서 그림자처럼 여긴다. 세상의 모든 법은 성품이 본래 스스로 없는 것이다. 다만 유위법의 실체를 꿈처럼 여길 뿐만 아니라 비록 뼈를 깎는 모진 수행으로 얻어진 깨달음의 결과라 할지라도 모두 그림자처럼 여긴다.

성만成滿 선지식

강의 영상

73 미륵보살문수등彌勒菩薩文殊等
74 보현보살미진중普賢菩薩微塵衆

51 미륵보살彌勒菩薩 삼세의 일체 경계를 잊어버리지 않는 지혜로 장엄한 해탈을 얻은 미륵보살을 만나서 이제까지 배웠던 모든 법문을 찰나지간에 몽환처럼 잊어버리게 된다[根本智果].

52 문수보살文殊菩薩 때마침 오른손을 들고 110성城을 지나오는 문수보살을 만나서 선재동자는 마정수기摩頂授記를 받는다. 오른손은 정법을, 110성은 무수한 법문의 원만 성취를 뜻한다[普光智體].

53 보현보살普賢菩薩 금강도량 보배연꽃 사자좌에 앉은 보현보살을 친견하고 선재동자는 다시 마정수기를 받는다. 미륵보살은 자비, 문수보살은 지혜, 보현보살은 행원

169

을 뜻한다[差別智用].

51 **미륵보살**(彌勒菩薩, Maitreya)

선재동자가 해안국海岸國 대장엄大莊嚴 동산 가운데 비로자나장엄장毘盧遮那莊嚴藏 누각 앞에서 엎드려 절하고, 잠깐 마음을 거두어 생각하고 관찰하였으며, 깊이 믿고 이해함과 큰 서원의 힘으로 온갖 곳에 두루 하는 지혜의 몸이 평등한 문에 들어갔다.

이때 미륵보살마하살이 도량에 모인 대중을 살펴보시고 선재동자를 가리키면서 말하였다.

"여러 어지신 이들이여, 그대들은 이 장자의 아들이 나에게 보살의 행과 공덕을 묻는 것을 보았는가. 용맹하게 정진하고 뜻과 원願이 혼잡하지 않으며, 깊은 마음이 견고하여 항상 물러가지 않으며, 훌륭한 희망을 갖추어 머리의 불타는 것을 끄듯이 편히 쉴 줄 모르며, 선지식을 좋아하여 친근하고 공양하며 가는 곳마다 찾아다니면서 받들어 섬기고 법을 구하였느니라. 지난날 복성福城에서 문수보살의 가르침을 받고 점점 남쪽으로 오면서 선지식을 찾았고 백 열 선지식을 만난 뒤에 나에게 왔는데 잠 깐도 게으른 생각을 내지 않았느니라."

"여러 어지신 이들이여, 이 장자의 아들은 매우 희유하니 대승을 향하여 큰 지혜를 의지하고, 큰 용맹을 내고, 크게 가엾이 여기는 갑옷을 입고, 크게 인자한 마음으로 중생을 구호하며, 큰 정진으로 바라밀다를 행하며, 큰 장사의 주인이 되어 중생을 보호하며, 큰 법의 배가 되어 존재의 바다를 건너며, 큰 도道에 있으면서 큰 법의 보배를 모으며 넓고 크게 도를 돕는 법을 닦느니라. 이런 사람은 듣고 보기도 어렵고 친근하면서 함께 행하기 어려우니라."

"왜냐하면, 이 장자의 아들은 모든 중생을 구호하려는 마음을 내어 중생으로 하여금 괴로움을 벗어나고 나쁜 길을 뛰어넘게 하며, 험난함을 여의고 무명의 어둠을 깨뜨리면서 생사의 벌판에서 벗어나 여러 길에서 헤맴을 쉬고 마魔의 경계를 건너가며, 세상 법에 집착하지 않고 욕심의 수렁에서 헤어나게 하며, 탐욕의 굴레를 끊고 소견의 속박을 풀고 생각의 굴택窟宅을 헐고 아득한 길을 끊고, 교만의 당기幢旗를 꺾고 의혹의 살을 뽑고 졸음의 뚜껑을 벗기고, 애욕의 그물을 찢고 무명을 없애고 생사生死의 강을 건너고, 아첨하는 환술을 여의고 마음의 때를 깨끗이 하고, 어리석은 의욕을 끊고 생사에서 벗어나게 하느니라."

"네 강에 표류하는 이를 위하여 큰 법의 배를 만들고, 소견의 수렁에 빠진 이를 위하여 법의 다리를 놓고, 어리석음의 밤에 헤매는 이를 위하여 지혜의 등불을 켜고, 생사의 벌판에 다니는 이들을 위하여 바른길을 가리켜 보이고, 번뇌의 병을 앓는 이를 위하여 법약法藥을 만들고, 나고 늙고 죽음에 고통 받는 이에게는 감로수甘露水를 먹여 편안하게 하고, 탐욕과 성냄과 어리석은 불에 들어 있는 이에게는 선정禪定의 물을 부어 서늘하게 하고, 근심 걱정이 많은 이는 위로하여 편안하게 하고, 존재의 옥獄에 잡힌 이는 깨우쳐서 나오게 하며, 소견의 그물에 걸린 이는 지혜의 검劍으로 벗겨 주고, 십팔계十八界의 성에 있는 이에게는 해탈할 문을 보여 준다."

"험난한 데 있는 이는 편안한 곳으로 인도하고, 결박의 도둑을 무서워하는 이는 두려움 없는 법을 주고, 나쁜 길에 떨어진 이는 자비한 선善을 주고, 쌓임[蘊]에 구속된 이는 열반의 성城을 보여 주고, 네 가지 뱀에 감긴 이는 성인聖人의 길로 풀어 주고, 여섯 군데 빈 마을에 집착한 이는 지혜의 빛으로 이끌어 내고, 삿된 제도[邪濟]에 머문 이는 바른 제도에 들게 하고, 나쁜 동무를 가까이하는 이는 선한 동무를 소개하고, 범부의 법을 좋아하는 이는 성인聖人의 법을 가르치고, 생사에 애착하는 이는 온갖 지혜의 섬에 나아가게 하느니라."

"여러 어지신 이들이여, 이 장자의 아들은 항상 이런 행으로 중생을 구호하며 보리심을 내고 쉬지 아니하며, 대승의 길을 구하여 게으르지 않으며, 법의 물 마시기를 싫어하지 않으며, 도를 돕는 행을 부지런히 쌓으며, 모든 법문을 깨끗하게 하기를 좋아하며, 보살의 행을 닦기에 정진을 버리지 않으며, 여러 가지 원을 만족하고 방편을 잘 행하며, 선지식을 뵈옵는 데 싫어할 줄 모르며, 선지식 섬기기에도 고달픈 줄 모르며, 선지식의 가르침을 들고 순종하여 행하되 잠시 잠깐도 어기지 아니하느니라."

"착한 남자여, 일어나라. 법의 성품이 이러한 것이니 이는 보살의 모든 법을 아는 지혜의 인연이 모여서 나타나는 현상이라. 이러한 성품이 환술 같고, 꿈같고, 그림자 같고, 영상 같아서 모두 성취하지 못하느니라."

이때 선재동자는 손가락 퉁기는 소리를 듣고 삼매에서 일어났다. 미륵보살이 말하였다.

"착한 남자여, 이 해탈문의 이름은 '삼세의 모든 경계에 들어가서 잊지 않고 기억하는 지혜로 장엄한 갈무리[入三世一切境界不忘念智莊嚴藏]'니라. 이 해탈문 가운데 말할 수 없이 말할 수 없는 해탈문이 있으니, 일생보처一生補處 보살이라야 얻는 것이니라."

선재동자가 물었다.
"이 장엄하였던 것이 어디 갔나이까."
미륵보살이 대답하였다.

"왔던 대로 갔느니라."

"착한 남자여, 마치 요술쟁이가 환술을 만들 적에 오는
데도 없고 가는 데도 없어 오고 가는 일이 없지마는 요술
의 힘으로 분명하게 보는 것이다. 저 장엄하는 일도 그와
같아서 오는 데도 없고 가는 데도 없어 오고 가는 일이
없지마는 습관으로 부사의한 환술 같은 지혜의 힘과 지
난 옛적에 세운 큰 서원의 힘으로 이렇게 나타나느니라."

선재동자가 불망념지장엄장不忘念智莊嚴藏 해탈을 얻은
미륵보살을 만나서 이제까지 배웠던 선지식들의 모든
법문을 찰나지간에 잊어버리게 된다. 그것은 미륵보살
의 몽환夢幻 법문을 통하여 법계의 실상實相이 모두 그러
함을 알게 하고자 하는 뜻이 있다.

52 문수보살(文殊菩薩, Mañju-śrī)

이때 선재동자는 미륵보살마하살이 가르쳐 준 대로 점점 나아가 백 십여 개의 성城을 지나서 보문국普門國의 소마나성蘇摩那城[7]에 이르러 문에 머물러 있으면서 문수사리를 생각하고 따라 관찰하고 두루 찾으며 뵈옵기를 희망하였다.

이때 문수사리는 멀리서 오른손을 펴서 백십 유순을 지나와 선재동자의 정수리를 만지면서 말하였다.

"착하고 착하다. 착한 남자여, 만일 신심信心의 근본을 여의었다면 마음이 용렬하게 근심하고, 수행의 공덕을 갖추지 못하고, 부지런히 정진함에서 물러나고, 조그만 선근善根에 집착하고, 사소한 공덕에 만족하여 더 큰 행원行願을 일으키지 못하였을 것이며, 선지식의 거두어 주심도 받지 못하고, 여래의 가피하심도 얻지 못하였을 것이다.

---

7 소마나(蘇摩那) : 열의(悅意). 기뻐하다.

그리고 이와 같은 법성法性, 이와 같은 이취理趣, 이와 같은 법문法門, 이와 같은 수행修行, 이와 같은 경계境界를 알지 못하였을 것이다.

두루두루 아는 것[周徧知], 세세하게 아는 것[種種知], 이 치를 철저히 아는 것[盡源底], 인연을 완전하게 아는 것[解了], 방편으로 잘 수행하는 것[趣入], 번뇌의 속박을 여의는 것[解脫], 정사正邪를 지혜롭게 분별하는 것[分別], 실상實相을 제대로 깨닫는 것[證知], 삼매三昧 얻는 것[獲得]을 모두할 수 없었으리라."

이때 문수사리는 이 법을 말하여 보여 주고 가르쳐서 통달하고 기쁘게 하며, 선재동자로 하여금 아승지 법문을 성취하고, 한량없는 큰 지혜의 광명을 구족하여 보살의 그지없는 다라니와 그지없는 원願과 그지없는 삼매와 그지없는 신통과 그지없는 지혜를 얻게 하고, 보현의 도량에 들어가게 하였다가 선재를 도로 자기가 머무른 곳에 두고는 문수사리가 작용을 거두고 나타나지 않았다.

문수사리가 멀리서 오른손을 들고 110유순을 지나와 선재동자의 정수리를 어루만지면서 묘법妙法을 해설하여 아승지법문을 성취하였다고 설하는 것은 오른손은 정법正法을 뜻하며, 110성을 지나왔다는 것은 무수한 법문의 바라밀행을 원만히 성취하였다는 것을 나타낸다.

53 **보현보살**(普賢菩薩, Samanta-bhadra)

그때 선재동자는 곧 보현보살의 명자名字와 행원行願과 조도助道와 정도正道와 원융하게 거두어 주는 제지諸地와 지地의 가행加行하는 방편方便과 삼매에 들어가는 입入과 삼매에서 나오는 승진勝進과 삼매에 머무르는 주住와 바라밀행을 닦는 수습修習과 깨달은 바 경계境界와 신통으로 사마邪魔를 꺾는 위력威力과 불지佛智에 함께 머무르는 동주同住를 듣고 갈망하여 보현보살을 뵙고자 하였다.

곧 이 금강장 보리도량에서 비로자나 여래의 사자좌 앞에 있는 모든 보배연화장 자리 위에 앉아서 허공계와 같고자 하는 광대한 마음과 모든 중생세계를 두루 교화하려는 마음과 여래의 열 가지 힘에 나아가려는 구경究竟의 마음을 일으켰다.

선재동자가 이런 마음을 일으킬 적에 자기의 착한 뿌리의 힘과 모든 여래의 가피하신 힘과 보현보살의 함께 선근을 심는 힘[同善根力]으로 열 가지 광명한 모양을 보고

'나는 이제 반드시 보현보살을 보고 착한 뿌리를 더할 것
이며, 모든 부처님을 보고 여러 보살의 광대한 경지에 대
하여 결정한 지혜를 내어 온갖 지혜를 얻을 것이다.'라고
생각하였다.

이때 선재동자는 보현보살의 몸 부분마다 낱낱 털구멍
에 모두 삼천대천세계의 낮과 밤과 달과 시간과 해와 겁
劫에 부처님이 세상에 나심과 보살의 모임과 도량의 장
엄 등 이런 일을 모두 분명하게 보았다. 이 세계를 보는
것처럼 시방에 있는 모든 세계도 그렇게 보고, 현재의 시
방세계를 보는 것처럼 과거와 미래의 모든 세계를 그렇
게 보는데 제각기 다른 것이 서로 섞이거나 어지럽지 아
니하였다.

선재동자가 이것을 얻은 뒤에는 보현보살이 오른손을
펴서 그 정수리를 만지었고, 정수리를 만진 뒤에는 선재
가 곧 모든 세계의 미진수 삼매문三昧門을 얻었으며 모든
세계의 미진수 삼매로 권속을 삼았다.

이 사바세계의 비로자나 부처님 처소에서 보현보살이 선재동자의 정수리를 쓰다듬는 것처럼 시방에 있는 세계들과 저 세계의 낱낱 티끌 속에 있는 모든 세계의 모든 부처님 처소에 있는 보현보살도 모두 이와 같이 선재동자의 정수리를 쓰다듬었고, 얻은 법문도 또한 같았다.

보현보살이 말하였다.

"착한 남자여, 나는 과거의 말할 수 없이 말할 수 없는 세계의 미진수 겁에 보살의 행을 행하며 온갖 지혜를 구하였느니라. 낱낱 겁 동안에 보리심을 청정케 하려고 말할 수 없이 말할 수 없는 세계의 미진수 부처님을 받들어 섬겼느니라. 나의 이러한 과거의 인연은 말할 수 없이 말할 수 없는 세계의 미진수 겁 동안에 말하여도 다할 수 없느니라."

"착한 남자여, 나는 이러한 세계의 미진수 방편 문으로써 모든 중생을 아뇩다라삼먁삼보리에서 물러가지 않게 하노라. 만일 중생이 나의 청정한 세계를 보고 들은 이는 반드시 이 청정한 세계에 날 것이요, 만일 중생이 나의 청정한 몸을 보고 들은 이는 반드시 나의 청정한 몸 가운데 날 것이니라."

이때 선재동자는 보현보살의 몸을 보니 잘생긴 모습과 사지四肢 골절의 낱낱 털구멍에 말할 수 없이 말할 수 없는 부처님 세계바다가 있고, 낱낱 세계바다에 부처님이 세상에 나시는데 큰 보살들이 둘러 모시었다.

선재동자가 보현보살의 털구멍에 있는 세계에서 한 걸음을 걸을 적에 말할 수 없이 말할 수 없는 세계의 미진수 세계를 지나가며, 이와 같이 걸어서 오는 세월이 끝나도록 걸어도 오히려 한 털구멍 속에 있는 세계바다의 차례와 세계바다의 갈무리와 세계바다의 차별과 세계바다의 두루 들어감과 세계바다의 이루어짐과 세계바다의 무너짐과 세계바다의 장엄과 그 끝난 데를 알지 못하였다.

이때를 당하여 선재동자는 차례로 보현보살의 행원行願의 바다를 믿어서 보현보살과 평등하고, 부처님들과 평등하며, 한 몸이 모든 세계에 가득하여 세계가 평등하

성 만成滿 선 지 식

183

고, 행行이 평등하고, 변재가 평등하고, 말씀이 평등하고, 음성이 평등하고, 힘과 두려움 없음이 평등하며, 부처님의 머무심이 평등하고, 대자대비가 평등하고, 부사의한 해탈과 자재함이 모두 평등하였다.

설법 대중과 장소의 찬탄

설법 대중을 찬탄하다

강의 영상

75 어차법회운집래於此法會雲集來
76 상수비로자나불常隨毗盧遮那佛

"이 법회에 구름처럼 모여들어 항상 비로자나부처님을
따른다."

항상 비로자나부처님을 따른다는 것은 흔들림 없는 본
심으로 살아간다는 말이다. 『화엄경』은 여우나 족제비가
놀다 가는 유희론遊戱論이 아니라 영원한 심장이 생생하
게 뛰는 사자후를 토해 놓은 것이다. 여왕벌은 한 번 떠
난 집에는 돌아가지 않고, 호랑이는 새앙쥐를 잡지 않는
법이다. 쥐를 잡는 잡다한 일은 고양이나 하는 짓이다.
본래 마음이 툭 터진 대장부라야 비로소 비로자나불을
따르는 『화엄경』의 인생길이 열린다.

삼성원융三聖圓融

『화엄경』에서 비로자나불과 보현보살과 문수보살은 삼성三聖이라 하며 서로 원융하여 일체가 되어서 장애가 없다는 관점이다. 그중에 비로자나불은 모든 공덕의 총체總體가 되며 부처님 입장에서 과분果分의 수행결과修行結果 불가설不可說을 표하며, 보현보살과 문수보살은 비로자나불의 다양한 공덕 갈래인 별덕別德이 되어 보살 입장에서 인분因分의 수행과정修行過程 가설可說을 나타낸다.

이 두 보살 중에 보현보살은 믿음의 대상인 소신所信의 법계와 수행을 의지해서 소증所證한 법계의 진리를 의미한다. 이에 대하여 문수보살은 곧 법계 진리를 능신能信하는 자체인 신심信心을 의미한다.

이는 법계 진리에 대한 이해와 그 법계 진리를 증득한 대지혜大智慧를 의미하며, 보현의 '소신所信과 행行, 이理'와 문수의 '능신能信과 해解, 지智'가 모두 각각 원융하여 능소가 둘이 없는 것[能所不二]을 말한다.

이와 같이 두 보살이 표현하는 법이 호즉호융互卽互融하여 중중무진重重無盡하며, 곧 불과佛果에 이르는 인因이 이미 완성되었음을 나타낸다. 그러므로 인因의 입장과 과果의 입장이 동일하여 불과佛果의 경계에 귀속되므로 삼성三聖이 원융하여 일체가 된다.

삼성원융의 법문이 곧 『화엄경』에서 설하는 바의 깊은 뜻이므로 『화엄경』을 의지해서 수행하고자 하는 사람은 모름지기 자기의 일념一念 위에다가 이 법문을 세세히 살펴보아야 한다.

'마음과 부처와 중생 셋은 차별이 없다[心佛及衆生, 是三無差別].'[8]는 말이 있다. 이치와 증득과 지혜는 모두 일심一心을 벗어날 수 없다. 중생의 심념心念이 바로 여래장如來藏이며, 망상妄想이 없는 공여래장空如來藏의 입장에서는 보현보살이 되고, 진심眞心이 충만한 열반涅槃의 불공여래장不空如來藏의 입장에서는 문수보살이 된다. 그리고 총여

---

8 『60화엄경』「야마천궁게찬품」여래림 보살장에 나온다.

래장總如來藏의 이치에서는 비로자나불이라 할 수 있다. 지금 소중한 현전現前의 일념一念 위에 삼성원융三聖圓融이 갖추어져 있다.

비로자나불은 법法과 성性이 원융하여 두 모양이 없는 부동不動의 근본진리이며, 문수보살은 영원히 변함없는 천진면목天眞面目을 통달한 것이며, 보현보살은 시시때때로 변해 가는 천차만별의 생멸인연을 명료하게 아는 것이라고 할 수 있다[文殊達天眞 普賢明緣起]. 천진함 속에는 인연법이 조금도 없고, 인연법에는 천진함이 전혀 없지만 달그림자 흐르는 강물에 어리듯 불수자성수연성不守自性隨緣性이다.

77 어연화장세계해_{於蓮華藏世界海}
78 조화장엄대법륜_{造化莊嚴大法輪}

"연화장세계해에서 대법륜大法輪을 조화롭게 장엄하며"

연화장세계해는 모든 세계를 말한다. 연화장이라는 말
은 모든 세계가 동등하게 완벽하다는 말이다. 세계해라
는 말은 시간과 공간에 따라 천차만별의 다른 인연이 있
다는 말이다. 대법륜을 조화롭게 장엄한다는 것은 인연
에 얽히어 본래의 모습을 잃어버린 중생을 건지기 위해
진흙탕에 젖지 않는 연꽃처럼 생멸법生滅法에 오염되지
않고 거룩한 정법을 구현한다는 말이다.

설법 장소를 찬탄하다

강의 영상

79 시방허공제세계十方虛空諸世界
80 역부여시상설법亦復如是常說法

"시방 허공의 모든 세계에서도 또한 이와 같이 항상 법을 설한다."

사법계四法界

『화엄경』을 근본경전으로 하는 화엄종華嚴宗에서 말하는 우주관宇宙觀을 사종법계四種法界 또는 사계四界라고도 한다. 화엄종에서는 우주 전체가 일심一心에 통일되어 있다고 여기며, 현상現象과 본체本體를 관찰하여 네 가지 단계로 나누어 설명한다.

① 사법계事法界는 차별이 있는 현상계現象界를 가리킨다. 사事는 사상事象, 계界는 분제分齊의 뜻이 있다. 곧 우

191

주의 각종 사물은 모두 인연으로 생겨나고, 각기 그 영역이 다르며 경계가 제한된다. 사물의 차별성이나 특수성으로 대상을 인식하는데 이것은 분별심의 경계이다. 비록 있기는 하지만 진실함이 아니므로 불지佛智의 범위에 속하지 않는다.

② 이법계理法界는 평등한 본체계本體界를 말한다. 이理는 이성理性, 계界는 성질性質의 뜻이다. 곧 우주 일체 만물의 본체가 모두 진여眞如이며 평등하여 차별이 없는 것을 말한다. 이理는 곧 본심本心이며 불성佛性이며 진여眞如다. 그러나 이 경계를 통달하더라도 진여의 묘용妙用을 제대로 쓰지 못하므로 불완전한 것이다.

③ 이사무애법계理事無礙法界는 현상계現象界와 본체계本體界가 일체불이一體不二의 관계를 갖추고 있다. 곧 본체[理]는 무자성無自性이지만 사事를 의지해서 나타내고, 그러므로 일체 만상萬象은 모두 진여의 이체理體가 인연을 따라 변하여 나타난 것이다. 이것은 곧 이理는 사事로 말미암아 나타날 수 있으며, 사事는 이理를 의지하여 이루

어지는 것으로 이와 사가 서로 융섭融攝하여 무애한 법계를 나타내는 것이다.「법성게法性偈」에서도 '이사명연무분별理事冥然無分別'이라고 하였다.

④ 사사무애법계事事無礙法界는 현상계現象界와 본신本身이 상대가 끊어진 불가사의不可思議함을 말한다. 곧 일체제법諸法이 모두 본체와 작용이 있어 비록 저마다 인연을 따라 일어나서 저마다 그 자성을 지키더라도 사事와 사事가 서로 상대함을 볼 수 있는 것 같다. 그렇게 다양한 연緣이 서로 상응하여 하나의 연緣을 성취하며, 또 하나의 연緣도 두루 하게 여러 연을 돕는다. 그 작용하는 힘이 서로 교섭하여 자재 무애함이 다함이 없는 까닭으로 사사무애事事無礙가 중중무진重重無盡하다고 말하며 그것을 무진법계無盡法界라고 한다.

삼십구품 품수 품명

각 회에 설해진 품수

강의 영상

81 **육육육사급여삼**六六六四及與三
82 **일십일일역부일**一十一一亦復一

화엄경은 ①제1회에 6품 11권, ②제2회에 6품 4권, ③제3회에 6품 3권, ④제4회에 4품 3권, ⑤제5회에 3품 12권이 설해진다. 또 ⑥제6회에 1품 6권, ⑦제7회에 11품 13권, ⑧제8회에 1품 7권, ⑨제9회에 1품 21권이 설해진다.

[六六六四及與三]   [一十一一亦復一]
①②③④   ⑤   ⑥⑦ ⑧   ⑨

「화엄경약찬게」는 대강 나눠 보면 첫대목에서 제1회 「세주묘엄품」 대중의 이름을 밝히고, 다음에 각 회차의 설법주 이름만 간략히 밝히며, 그다음에는 제9회의 「입법계품」 대중의 이름을 밝히고, 마지막으로 7처 9회에서 설해진 39품의 이름을 모두 밝힌다.

각 회에 설해진 품의 이름

제1회에 설해진 품명

83 세주묘엄여래상世主妙嚴如來相

84 보현삼매세계성普賢三昧世界成

85 화장세계노사나華藏世界盧遮那

　제1회에는『화엄경』전체의 총 서론으로 **1세주묘엄품**에서『화엄경』이 설해진 동기로 비로소 깨달음을 이루신 부처님의 본질을 설하고,『화엄경』본론이 처음 시작되는 **2여래현상품**은 부처님의 거룩한 모습을 광명으로 나타내며, **3보현삼매품**은 보현보살의 삼매를 통해 마음의 무한한 가능성을 설하며, **4세계성취품**과 **5화장세계품**은 부처님의 의보依報를 설하며, **6비로자나품**은 부처님의 정보正報를 설하며 모두 6품 11권이다.

　만고의 은하수에 갈아서 만든 보름달이 맑은 연못에

비치지만 달은 한 번도 연못에 떨어진 적이 없다. 「화엄경약찬게」는 작은 나루터에 징검다리이다. 「여래현상품」에는 우리가 익숙하게 잘 아는 게송이 있다.

佛身普徧諸大會_{하며}
불 신 보 변 제 대 회

부처님 몸은 모든 대회에 두루 계시고

充滿法界無窮盡_{하시니}
충 만 법 계 무 궁 진

법계에 충만하시어 다함이 없으시며

寂滅無性不可取_{로대}
적 멸 무 성 불 가 취

적멸하여 성품이 없어 취할 수 없지만

爲救世間而出現_{이로다}
위 구 세 간 이 출 현

세간을 구제하기 위하여 출현하셨네

-세주묘엄품-

佛身充滿於法界_{하사}
불 신 충 만 어 법 계

부처님의 몸 법계에 충만하시어

普現一切衆生前_{하시니}
보 현 일 체 중 생 전

모든 중생 앞에 널리 나타나시니

隨緣赴感靡不周_{하사대}
수 연 부 감 미 부 주

인연 따라 감응함이 두루 하지만

而恒處此菩提座_{로다}
이 항 처 차 보 리 좌

항상 이 보리좌菩提座에 계시네

-여래현상품-

普賢徧住於諸刹_{하야}
보 현 변 주 어 제 찰

보현보살이 모든 세계에 두루 계시어

坐寶蓮華衆所觀_{이라}
좌 보 연 화 중 소 관

보배연꽃에 앉으심을 대중들이 보니

一切神通靡不現_{하며}
일 체 신 통 미 불 현

일체 신통을 다 나타내며

無量三昧皆能入_{이로다}
무 량 삼 매 개 능 입

한량없는 삼매에 다 능히 들어갔도다.

-보현삼매품-

智慧甚深功德海_가
지 혜 심 심 공 덕 해

지혜의 심히 깊은 공덕바다가

普賢十方無量國_{하사}
보 현 시 방 무 량 국

시방의 한량없는 국토에 널리 나타나

隨諸衆生所應見_{하야}
수 제 중 생 소 응 견

모든 중생들의 보는 바를 따라서

光明徧照轉法輪_{이로다}
광 명 변 조 전 법 륜

광명을 두루 비춰 법륜을 굴리도다.

- 세계성취품-

世尊往昔於諸有_에
세 존 왕 석 어 제 유

세존께서 지난 옛적 여러 세상에서

微塵佛所修淨業_{이실새}
미 진 불 소 수 정 업

미진수의 부처님 처소에서 청정한 업을 닦아서

故獲種種寶光明_인
고 획 종 종 보 광 명

가지가지 보배광명으로 된

華藏莊嚴世界海_{로다}
화 장 장 엄 세 계 해

화장장엄세계바다를 얻으시었네.

-화장세계품-

世尊坐道場_{하시니}
세 존 좌 도 량

세존께서 도량에 앉아 계시니

淸淨大光明_이
청 정 대 광 명

청정한 큰 광명 비치심이

譬如千日出_{하야}
비 여 천 일 출

마치 천 개의 태양이 함께 떠서

普照虛空界_{로다}
보 조 허 공 계

온 허공계를 널리 비추는 듯하도다.

如因日光照_{하야}
여 인 일 광 조

마치 햇빛이 비침으로 인해서

還見於日輪_{인달하야}
환 견 어 일 륜

다시 해를 보듯이

我以佛智光_{으로}
아 이 불 지 광

내가 부처님의 지혜광명으로

見佛所行道_{로다}
견 불 소 행 도

부처님의 행하신 도를 보도다.

-비로자나품-

제2회에 설해진 품명

86 여래명호사성제如來名號四聖諦
87 광명각품문명품光明覺品問明品
88 정행현수수미정淨行賢首須彌頂

　제2회에는 **7여래명호품**에서 불보佛寶를 설하고, **8사성제품**에서 법보法寶를 설하며, **9광명각품**에서 승보僧寶를 설하고, **10보살문명품**에서 보살의 수행에 대한 물음을 답하여 밝히며, **11정행품**에서는 올바른 수행을 포괄적으로 설하고, **12현수품**에서는 신심信心에 대해서 그 공덕을 자세하게 모두 게송으로 설한다. 제2회는 총 6품 4권이 설해진다.

　특히 수행 신심을 잘 나타내는 대표적인 게송이 **보살문명품**과 **현수품**에 나온다. '정행현수수미정'의 '수미정須彌頂'은 제3회의 첫 품 **승수미산정품**이다.

如人數他寶호대
여 인 수 타 보

어떤 사람이 남의 보물만 세면서

自無半錢分인달하야
자 무 반 전 분

자기에게는 한 푼도 없는 것과 같이

於法不修行이면
어 법 불 수 행

법을 수행하지 아니하면

多聞亦如是니라
다 문 역 여 시

많이 듣는 것도 또한 이와 같도다

-여래명호품-

如有生王宮호대
여 유 생 왕 궁

마치 왕궁에 태어난 사람이

而受餒與寒인달하야
이 수 뇌 여 한

배고프고 추위에 떨듯이

於法不修行이면
어 법 불 수 행

법을 수행하지 아니하면

多聞亦如是니라
다 문 역 여 시

많이 듣는 것 또한 이와 같도다

-보살문명품-

信爲道元功德母라
신 위 도 원 공 덕 모

믿음은 도의 근원이며 공덕의 어머니

長養一切諸善法하며
장 양 일 체 제 선 법

일체의 선한 법을 다 길러 내나니

斷除疑網出愛流_{하야}
단 제 의 망 출 애 류

의심의 그물 끊고 애착을 벗어나야

開示涅槃無上道_{니라}
개 시 열 반 무 상 도

훌륭한 열반의 길 열어 보이네

信能惠施心無悋_{이요}
신 능 혜 시 심 무 린

믿음은 베풀어서 마음에 아낌이 없으며

信能歡喜入佛法_{이며}
신 능 환 희 입 불 법

믿음은 환희하여 불법에 들어가며

信能增長智功德_{이요}
신 능 증 장 지 공 덕

믿음은 지혜의 공덕을 증장시키고

信能必到如來地_{니라}
신 능 필 도 여 래 지

믿음은 반드시 여래지에 이르게 한다.

-현수품-

제3회에 설해진 품명

89 수미정상게찬품須彌頂上偈讚品
90 보살십주범행품菩薩十住梵行品
91 발심공덕명법품發心功德明法品

제3회에는 법을 청하는 청서분請序分의 **13승수미산정품**과 부처님을 게송으로 찬탄하는 찬서분讚序分의 **14수미정상게찬품**을 설한다. 또 생명 존재의 부귀함을 바르게 이해하도록 설명하는 **15십주품**과 수행의 차례를 단계별로 설명하는 **16범행품**과 보리도菩提道의 기초를 설하는 **17초발심공덕품**을 설한다. 그리고 법을 의지해서 깊은 이해를 할 수 있도록 하는 **18명법품**까지 모두 6품 9권이 설해진다.

약찬게와 법성게에 모두 나오는 '**초발심시변정각**初發心時便正覺'이라는 구절이 **범행품** 끝부분에 나온다.

了知一切法이
요 지 일 체 법

온갖 법이 자신의 성품이

自性無所有니
자 성 무 소 유

있는 바가 없는 줄 알지니

如是解法性하면
여 시 해 법 성

이와 같이 법의 성품을 이해하면

則見盧舍那로다
즉 견 노 사 나

곧 비로자나불을 뵈리라

-수미정상계찬품-

若諸菩薩이 能與如是觀行相應하야
약 제 보 살　능 여 여 시 관 행 상 응

於諸法中에 不生二解하면
어 제 법 중　불 생 이 해

一切佛法이 疾得現前하야
일 체 불 법　질 득 현 전

初發心時에 卽得阿耨多羅三藐三菩提라
초 발 심 시　즉 득 아 뇩 다 라 삼 먁 삼 보 리

만일 보살들이 능히 이와 같이 관행觀行이 서로 응하여

모든 법 가운데에 두 가지 견해를 내지 아니하면

일체의 부처님 법이 빨리 앞에 나타날 것이며

처음 발심할 때에 곧 최고 깨달음을 얻을 것이니라

-범행품-

知一切法_이
지 일 체 법

온갖 법이

卽心自性_{하야}
즉 심 자 성

곧 마음의 자성인 줄 알아서

成就慧身_{호대}
성 취 혜 신

지혜를 이루지만

不由他悟_{하리라}
불 유 타 오

남을 말미암아 깨닫는 게 아니다

-범행품-

제4회에 설해진 품명

92 불승야마천궁품佛昇夜摩天宮品
93 야마천궁게찬품夜摩天宮偈讚品
94 십행품여무진장十行品與無盡藏

　제4회에는 법을 청하는 청서분請序分의 **19승야마천궁
품**과 부처님을 게송으로 찬탄하는 찬서분讚序分의 **20야
마천궁게찬품**과 생명 존재의 진정한 가치를 실현하는
수행태도를 설하는 **21십행품**과 그 수행을 통하여 얻어진
무궁무진한 공덕을 설하는 **22십무진장품**까지 4품 3권이
설해진다.

　무진장 많은 것을 가지고 있어야 무진장 회향할 수 있
으므로 **십무진장품**이 제4회 마지막 품으로 다음 십회향
법문과 이어진다. 『화엄경』에서 가장 중요한 게송으로
일컬어지는 그 유명한 게송이 **야마천궁게찬품** 아홉 번
째 각림보살 장章에 나온다.

若人知心行_이
약 인 지 심 행

어떤 사람이 마음의 흐름이

普造諸世間_{하면}
보 조 제 세 간

모든 세간을 짓는 줄 안다면

是人則見佛_{하야}
시 인 즉 견 불

그 사람은 곧 부처를 보아서

了佛眞實性_{이로다}
요 불 진 실 성

부처의 진실한 성품을 알리라

心不住於身_{하며}
심 부 주 어 신

마음은 몸에 머물지 아니하고

身亦不住心_{호대}
신 역 부 주 심

몸도 마음에 머물지 아니하지만

而能作佛事_{하니}
이 능 작 불 사

모든 불사佛事를 능히 짓나니

自在未曾有_{로다}
자 재 미 증 유

자재함이 미증유의 일이로다

若人欲了知
약 인 욕 요 지

만일 어떤 사람이

三世一切佛_{인대}
삼 세 일 체 불

삼세의 일체 부처님을 알려면

應觀法界性_에
응 관 법 계 성

一切唯心造_{니라}
일 체 유 심 조

마땅히 법계의 성품을 관하라

모든 걸 오직 마음이 짓느니라

-야마천궁게찬품-

제5회에 설해진 품명

95 불승도솔천궁품佛昇兜率天宮品
96 도솔천궁게찬품兜率天宮偈讚品

　제5회에는 법을 청하는 청서분請序分의 **23승도솔궁천품**과 부처님을 게송으로 찬탄하는 찬서분讚序分의 **24도솔천궁게찬품**과 생명 존재의 진정한 장엄을 실현하는 회향의 의미를 설하는 **25십회향품**까지 세 품에 불과하지만 분량은 무려 12권에 달한다.

　인생의 올바른 존재의 의미를 이해하고 그 가치를 실현하고 찬란하게 가꾸고 회향하는 것이 거룩한 인생을 기약하는 토대가 된다. 그래서 동가홍상同價紅裳, 즉 같은 값이면 다홍치마라는 말이 있는 것이다.

　무만 푹 삶아서 12접시 담아 낸다고 그것을 어찌 음식이라고 할 수가 있을까. 「십회향품」에 주옥같은 게송이 많지만 그중에서도 다음 게송은 압권이다.

心不分別一切業_{하며}
심 불 분 별 일 체 업

마음은 모든 업業을 분별하지 않으며

亦不染着於業果_{하고}
역 불 염 착 어 업 과

업을 짓고 과보를 받는 데 물들지 않고

知菩提性從緣起_{하야}
지 보 리 성 종 연 기

보리의 성품이 인연으로 생긴 줄 알아

入深法界無違逆_{이로다}
입 심 법 계 무 위 역

깊은 법계에 들어가도 어기지 않네

不於身中而有業_{하고}
불 어 신 중 이 유 업

업보業報는 몸 가운데 있지도 않고

亦不依止於心住_{하야}
역 불 의 지 어 심 주

마음의 머무름에도 의지하지 아니하여

智慧了知無業性_{이나}
지 혜 요 지 무 업 성

지혜로 업의 성품이 없는 줄 알지만

以因緣故業不失_{이로다}
이 인 연 고 업 불 실

인연이기 때문에 업은 없어지지 않나니

心不妄取過去法_{하고}
심 불 망 취 과 거 법

마음에 과거 일 허망하게 취하지 않고

亦不貪着未來事_{하며}
역 불 탐 착 미 래 사

미래의 일도 탐착하지 아니하며

不於現在有所住_{하면}
불 어 현 재 유 소 주

현재의 처지에도 집착하지 아니하면

了達三世悉空寂_{이로다}
요 달 삼 세 실 공 적

삼세三世가 공한 줄 통달하리라

-십회향품-

제6회에 설해진 품명

97 십회향급십지품十廻向及十地品

25십회향품은 앞의 제5회 설법에 포함되고, 제6회에는 오직 **26십지품** 한 품만 설해진다. 초현初賢의 십주법문, 중현中賢의 십행법문과 상현上賢의 십회향법문에 이어서 성인聖人의 반열에서 현실의 고락苦樂을 벗어나서 하루하루 인생이 수행으로 귀결되는 마음이 바로 십지十地 법문이다.

십지품에서는 보시布施, 지계持戒, 인욕忍辱, 정진精進, 선정禪定, 반야般若, 방편方便, 원願, 역力, 지智 바라밀을 각각 수행의 경지에 맞추어서 설명한다. 진리에 익숙해지면 바라밀은 수평적으로 수행해도 무방하지만, 초심자의 입장에서 바라밀 수행은 반드시 수직적인 구조로 수행하지 않으면 성취를 얻을 수 없다.

예를 들면 보시를 잘 하지 않는 사람은 계율을 잘 지키지 않으며, 계율이 맑지 못한 사람은 인욕심이 없고, 참을성이 없는 사람은 부지런하지 못하며, 근면하지 못한 사람은 침착하지 못하고, 고요하지 못한 사람은 올바른 판단력이 없으며, 판단력이 분명하지 않은 사람은 방편보다 편법을 의지하고, 편법을 쓰는 사람은 꿈과 이상理想이 졸렬하며, 의욕적인 희망이 없는 사람은 정사正邪를 구분하지 못하고, 추하고 고운 것을 혼동하여 모래를 쪄서 밥을 짓는 격이 되고 만다. **십지품**은 진정한 수행 이론의 지침서이다.

십지품에 다음과 같이 언제나 명심해야 할 만한 게송이 있다. 고결한 수행이 다 완성되었다고 하더라도 다시 용광로에 흔적 없이 녹여야 순박하고 천진한 본래의 면목으로 돌아가는 반박귀진反樸歸眞의 참다운 인생길이 열린다.

衆會悉淸淨하고
중 회 실 청 정

여기 모인 대중이 청정하옵고

離懈怠嚴潔하며
이 해 태 엄 결

게으름을 여의고 정결하오며

能堅固不動_{하야}
능 견 고 부 동

마음이 견고하고 흔들리지 않아

具功德智慧_{하며}
구 공 덕 지 혜

공덕과 모든 지혜 갖추었으며

相視咸恭敬_{하야}
상 시 함 공 경

서로서로 쳐다보고 공경하오며

一切悉專仰_{호대}
일 체 실 전 앙

모두 다 오로지 우러르기를

如蜂念好蜜_{하며}
여 봉 념 호 밀

벌들이 좋은 꿀을 생각하듯이

如渴思甘露_{하노라}
여 갈 사 감 로

목마름에 감로수를 생각하듯 하노이다

汝雖已滅煩惱火_나
여 수 이 멸 번 뇌 화

그대는 번뇌의 불길을 껐다 할지라도

世間惑焰猶熾然_{하니}
세 간 혹 염 유 치 연

속세 사람은 아직도 번뇌가 치성하니

當念本願度衆生_{하야}
당 념 본 원 도 중 생

본래의 원력으로 중생을 제도하여

悉使修因趣解脫_{이어다}
실 사 수 인 취 해 탈

선근을 닦아 해탈을 얻도록 할지니라

-십지품-

215

제7회에 설해진 품명

98 **십정십통십인품**十定十通十忍品

99 **아승지품여수량**阿僧祇品如壽量

100 **보살주처불부사**菩薩住處佛不思

101 **여래십신상해품**如來十身相海品

102 **여래수호공덕품**如來隨好功德品

103 **보현행급여래출**普賢行及如來出

제7회에는 아뇩다라삼먁삼보리의 기초가 되는 선정을 설하는 **27십정품**과 신통한 지혜의 원만함을 설하는 **28십통품**과 그리고 **29십인품**은 의지할 바의 지혜의 바탕을 설한다.

수량적으로 덕행德行의 무량함을 설하는 **30아승지품**과 시간적으로 부처님 복의 과보가 무한함을 설하는 **31여래수량품**과 공간적으로 지혜의 무변함을 설하는 **32보살주처품**까지는 등각설법等覺說法이다. 불부사佛不思는 **불부사**

의법품인데 다음 대목에서 해석한다.

부처님 공덕의 체용體用을 설하는 **33불부사의법품**과 부처님의 수승한 덕을 상호로 설하는 **34여래십신상해품**과 부처님의 수승한 공덕이 모든 중생에게 이익됨을 설하는 **35여래수호광명공덕품**이 있다.

불부사의법품과 **여래십신상해품**과 **여래수호광명공덕품**은 다음에 나오는 보현보살의 원만한 행원行願을 설하는 **36보현행품**과 여래의 원만한 깨달음을 설하는 **37여래출현품**과 더불어 묘각설법妙覺說法에 해당한다.

이 가운데 **아승지품**과 **여래수호광명공덕품** 두 품은 여래께서 직접 설한 여래의 친설이다.

특히 경전을 독송할 때 먼저 외우는 개경게開經偈는 일설一說에 『80권 화엄경』 역경譯經을 주도한 측천무후가 지었다는 설이 있는데, **여래출현품**에 그 뜻을 가진 게송이 나오므로 신빙성이 있다.

一切如來諸所作이
일 체 여 래 제 소 작

한량없는 여래의 지으시는 일을

世間譬喩無能及이나
세 간 비 유 무 능 급

세간의 비유로는 말 못하지만

爲令衆生得悟解하야
위 령 중 생 득 오 해

중생을 깨우쳐 알게 하려고

非喩爲喩而顯示로다
비 유 위 유 이 현 시

비유 아닌 비유로 보이시나니

如是微密甚深法을
여 시 미 밀 심 심 법

이렇게 비밀하고 깊고 깊은 법

百千萬劫難可聞이니
백 천 만 겁 난 가 문

백 천만 겁 지나도 못 듣지마는

精進智慧調伏者야
정 진 지 혜 조 복 자

정진과 지혜로써 조복 받은 이야

乃得聞此秘奧義로다
내 득 문 차 비 오 의

이렇게 깊은 이치 얻어 들으리라

-여래출현품-

無上甚深微妙法　百千萬劫難遭遇
무 상 심 심 미 묘 법　백 천 만 겁 난 조 우

我今聞見得受持　願解如來眞實義
아 금 문 견 득 수　원 해 여 래 진 실 의

-개경게開經偈 참조-

若有欲知佛境界_{인댄}
약 유 욕 지 불 경 계

누구나 부처 경계 알고자 하면

當淨其意如虛空_{이니}
당 정 기 의 여 허 공

그 뜻을 깨끗하기가 허공과 같이하며

遠離妄想及諸取_{하야}
원 리 망 상 급 제 취

망상과 모든 집착 멀리 여의고

令心所向皆無礙_{어다}
영 심 소 향 개 무 애

마음의 향하는 곳 걸림 없게 할지어다.

-여래출현품-

제8회와 제9회에 설해진 품명

104 이세간품입법계離世間品入法界

제8회에는 **38이세간품** 한 품만 설한다. 『화엄경』의 전체적인 범위에서는 제1회는 신信에 해당하고 제2회에서 제7회까지는 해解에 해당하며, 제8회는 행行에 해당하고, 제9회는 증證에 해당한다.

보살수행의 단계적인 과정에서는 제2회가 신信에 해당하고, 제3회는 해解에 해당하며, 제4회는 행行에 해당하고, 제5회는 덕德에 해당하며, 제6회는 증證에 해당한다.

이세간품에서는 2천 가지의 수행방법을 제시하여 시끄러운 세간의 있는 그대로가 극락세계임을 설한다. 다만 스스로 잡념이 없고 무념무상無念無相의 보리심이라면 가는 곳마다 안락하게 살아가는 것을 이세간離世間이라고 한다.

永離世間諸誑幻하고
영 리 세 간 제 광 환

세간의 거짓과 환술을 아주 떠나서

種種變化示衆生하며
종 종 변 화 시 중 생

갖가지 변화를 중생에게 보이며

心生住滅現衆事하나니
심 생 주 멸 현 중 사

마음이 생주이멸하는 모든 현상을

說彼所能令衆喜호리라
설 피 소 능 령 중 회

그것을 말하여 모두 기쁘게 하리라

菩薩如蓮華하야
보 살 여 연 화

보살은 연꽃과 같아서

慈根安隱莖이며
자 근 안 은 경

자비는 뿌리 되고 편안한 것 즐기며

智慧爲衆藥며
지 혜 위 중 예

지혜는 꽃술이요

戒品爲香潔이어든
계 품 위 향 결

계율은 깨끗한 향기

菩薩妙法樹가
보 살 묘 법 수

보살은 묘한 법의 나무라

生於直心地하니
생 어 직 심 지

정직한 마음 땅에 나나니

信種慈悲根이며
신 종 자 비 근

신심은 종자, 자비는 뿌리가 되며

智慧以爲身하며
지 혜 이 위 신

지혜는 밑동이 되고

-이세간품-

제9회에는 **39입법계품** 한 품을 설한다. 먼저「입법계품」
근본법회 여래회에서는 세존께서 실라벌국 서다림 급고독
원의 대장엄 누각에서 보살마하살 500명과 함께 계시었는
데, 보현보살과 문수사리보살이 상수가 되었다. 세존께서
대자비大慈悲 방편으로 허공에 충만하시어 사자빈신삼매師
子頻申三昧에 드셨고, 미간백호에서 보조삼세법계문普照三世
法界門 광명을 비추었다.

다음에 지말법회(사라림회에서)는 문수보살이 서다림(의 선
주누각)을 나와 남쪽으로 향하여 가는 것을 보고, 사리불이
세존께 허락을 구하고 6천 명 비구와 함께 문수보살을 따
랐다. 복성의 동쪽에 이르러 장엄당 사라림의 불탑이 있는
곳에서 법계보조경法界普照經을 말씀하여 1만 용龍들을 아
뇩다라삼먁삼보리에서 물러나지 않게 했다.

선재동자가 53선지식을 따라서 구법求法을 하는 섭선재
회攝善財會에서는 문수보살이 선재동자에게 말하기를 "이
미 아뇩다라삼먁삼보리심을 내어 보살행을 구하고 온갖
지혜의 지혜를 성취하려면 반드시 선지식을 찾아야 하며,

선지식을 찾는 일에 고달프거나 게으른 생각을 내지 말고, 가르치는 말씀을 그대로 순종하고, 그 방편에 허물을 찾지 말라."고 했다.

「입법계품」 마지막 부분에는 누구나 잘 알고 있는 익숙한 게송이 있다. 더불어 보현행원품普賢行願品에 나오는 회향게迴向偈도 하나 더 보탠다.

刹塵心念可數知하고
찰 진 심 념 가 수 지
세계 티끌 같은 마음 헤아려 알고

大海中水可飮盡하며
대 해 중 수 가 음 진
큰 바닷물이라도 마셔 다하고

虛空可量風可繫라도
허 공 가 량 풍 가 계
허공을 측량하고 바람을 얽어매도

無能盡說佛功德이로다
무 능 진 설 불 공 덕
부처님의 공덕 말로 다할 수 없네

若有聞斯功德海하고
약 유 문 사 공 덕 해
이러한 공덕바다 누가 듣고서

而生歡喜信解心이면
이 생 환 희 신 해 심
기뻐하며 신심과 이해를 내는 이는

如所稱揚悉當獲하리니
여 소 칭 양 실 당 획

위에 말한 공덕을 얻게 되리니

愼勿於此懷疑念이어다
신 물 어 차 회 의 념

여기에서 의심을 내지 말라

-입법계품-

我此普賢殊勝行과
아 차 보 현 수 승 행

나의 이런 보현보살의 거룩한 행과

無邊勝福皆廻向하야
무 변 승 복 개 회 향

그지 없는 훌륭한 복을 모두 회향하여

普願沉溺諸衆生이
보 원 침 익 제 중 생

진정으로 삼계 고해 헤매는 모든 중생이

速往無量光佛刹하노이다
속 왕 무 량 광 불 찰

아미타불 극락세계 왕생하길 바라나이다

-보현행원품-

정법유통을 권하다

正法流通

정법의 유통을 권하다

강의 영상

105 시위십만게송경是爲十萬偈頌經
106 삼십구품원만교三十九品圓滿敎
107 풍송차경신수지諷誦此經信受持

『80권 화엄경』은 39품에 4만 5천 게송이며, 또 『60권 화엄경』은 34품 3만 6천 게송이기 때문에 10만 게송경이라는 구절은 맞지 않다. 10만 게송이라고 하면 하본下本 48품의 『화엄경』이 되어야 하는데 하본 『화엄경』은 설說만 있을 뿐 존재하지 않는다.

화엄경의 원융사상圓融思想에 근거해 원만圓滿 수로서 10만이라고 하는 말도 상당한 일리가 있기는 하다. 하지만 『80권 화엄경』을 근거로 편집한 「화엄경약찬게」라면 당연히 39품 4만 5천 게송으로 해야 올바른 표현이라고 할 수 있다.

108 초발심시변정각初發心時便正覺
109 안좌여시국토해安坐如是國土海
110 시명비로자나불是名毘盧遮那佛

초발심시변정각은 **초발심공덕품**을 설하기 바로 앞 **범행품** 끝부분에 나오는 구절이다. 깊은 믿음으로 보리심을 내면 마치 야무진 씨앗 하나에 뿌리와 줄기와 잎과 열매가 완전한 것과 같다는 말이다.

간절하면 진실해지고 진실이 사무치면 비로소 보리심을 일으키게 되고 궁극의 깨달음과 상응하여 시작과 끝이 둘이 아니게 된다. 『화엄경』을 수지하면 이미 중생이 아니라 곧 비로자나불과 다름이 없다는 뜻이다.

『대반열반경』에서 '발심發心과 정각正覺 두 가지는 다르지 않지만[發心畢竟二不別]' '이와 같은 두 가지 마음 중에 발심이 더 어렵다[如是二心先心難]'고 하였다. 또 초발심의 진정한 뜻은 '자신은 제도 받지 못하였으나 다른 사람부터 제도하는 것[自未得度先度他]'이라고 하였다.

땅 위에 해가 뜨면 얼마나 많은 만물이 일시에 익어 가는가. 바람이 불면 또 얼마나 많은 꽃이 일시에 피어나는가. 매일 아침 태양이 뜨면 땅 위의 모든 등불이 그 빛을 잃어버린다.

『화엄경』을 진심으로 알게 되면 천만 가지 세상사의 기량이 작은 거울 속에 다 녹아들게 된다. 『화엄경』은 그대로 천연석가天然釋迦요 자연미륵自然彌勒이다. 이대로 보고 듣고 환하지 않은가.

부
록

화엄경 과목약표科目略表

화엄경 과목약표科目略表

八十華嚴經 科目略表				
第1會(本)				
世主妙嚴品	教起因緣		始成正覺	總序分	
如來現相品	如來放光 面光集衆 毫光示法 眉間出衆			果德	所信因果
普賢三昧品	普賢三昧 諸佛同加 法主起定 大衆重請			果德	所信因果
世界成就品	正陳法海		無邊刹海	果德	所信因果
華藏世界品	正陳法海		世界一花	果德	所信因果
毘盧遮那品	正陳法海		本來佛事	本因	所信因果
第2會(信)					
如來名號品	身業	依體顯相(信佛)	所信因果分	十信	差別因果 生解因果
四聖諦品	口業	依體顯相(信法)	所信因果分	十信	差別因果 生解因果
光明覺品	意業	依體顯相(信僧)	所信因果分	十信	差別因果 生解因果
菩薩問明品	解	依體起用(信行)	能依信行分	十信	差別因果 生解因果
淨行品	行	普賢乘行法	能依信行分	十信	差別因果 生解因果
賢首品	證	圓融道 次第道	能依信行分	十信	差別因果 生解因果
第3會(解)					
昇須彌山頂品	如來感應序	生命存在 富貴正解	序分	凡聖無遮 差別因 十住	差別因果 生解因果
須彌頂上偈讚品	集衆放光序	生命存在 富貴正解	序分	凡聖無遮 差別因 十住	差別因果 生解因果
十住品	解	十住位實義	自分	凡聖無遮 差別因 十住	差別因果 生解因果
梵行品	行	次第道修行	自分	凡聖無遮 差別因 十住	差別因果 生解因果
初發心功德品	德	菩提道基礎	自分	凡聖無遮 差別因 十住	差別因果 生解因果
明法品	菩提道上 修行態度		勝進德	凡聖無遮 差別因 十住	差別因果 生解因果
第4會(行)					
昇夜摩天宮品	請佛序	生命價値 昇化正行	序分	十行	
夜摩天宮偈讚品	讚佛序	生命價値 昇化正行	序分	十行	
十行品	自分行	十行位實義	正宗分	十行	
十無盡藏品	入三昧境 修行言行		勝進德	十行	

第5會(德)							
昇兜率天宮品	請佛序	生命莊嚴 無有窮盡	序分	十廻向		差別因	差別因果 生解因果
兜率天宮偈讚品	讚佛序						
十廻向品	自分行	十廻向實義	正宗分				
第6會(地)							
十地品	說法因緣	十地綱要	序分	十地			
	七聖位 (有功用地)	大人位 (無功用地)	自分				
	有功用行	無功用行					
第7會(證)							
十定品	法寶 不思議體	明十禪定	基礎	等覺因圓	等妙一如	差別因	差別因果 生解因果
十通品		明十智通	圓滿				
十忍品		所依智體	無礙				
阿僧祇品	僧寶 無方大用	德行無量	數量				
如來數量品		福報無限	時間				
菩薩住處品		智慧無邊	空間				
佛不思議法品	佛寶 妙相莊嚴	佛德體用	口業	妙覺果滿		差別果	
如來十身相海品		勝德相好	身業				
如來隨好光明功德品		勝德益相	意業				
普賢行品	行	性起圓融	普賢圓因			平等因果	
如來出現品	果	用極歸體	平等果滿				
第8會(度)							
離世間品	圓滿三世間(器, 智正覺, 眾生世間)		序分			成行因果 出世因果	
	雲興二百問(普慧) 瓶瀉二千答(普賢)		正宗分				
第9會(入)							
入法界品	根本法會 逝多林	師子頻申三昧	如來會 頓入法界分			證入因果	
		普照三世法界門					
	枝末法會 娑羅林	福城 攝龍王會	菩薩會 漸入法界分				
		南巡 攝善財會					

개정증보

작은 해설 화엄경 약찬게

초판 1쇄 발행 2023년 12월 6일

엮은이   용학龍學

펴낸이   오세룡
편집   박성화 손미숙 윤예지 여수령 허승 정연주
기획   곽은영 최윤정
디자인   최지혜 고혜정 김효선
홍보 마케팅   정성진

펴낸곳   담앤북스
                서울특별시 종로구 새문안로3길 23 경희궁의 아침 4단지 805호
                대표전화 영업부 02)765-1251 편집부 02)765-1250
                전송 02)764-1251
                전자우편 dhamenbooks@naver.com
                출판등록 제300-2011-115호

ISBN 979-11-6201-824-8 (03220)

정가 16,000원